SMB
経験思考

2025年度経営者25名の
経験知が切り拓くニッポンの近未来

SMB企業調査実行委員会・編

文芸社

はじめに

本書ではSMB領域（Small to Medium Business中小〜中堅企業群の総称）の経営者に注目して、業績ベースでも成長を遂げている二五名を取り上げた。

昨今、ビジネスシーンで「人的資本」という言葉をよく見聞きする。人的資本とは従業員が持つ資質や能力を企業の資本とみなす考え方で、企業の目標達成のために戦略的に活用することを人的資本経営という。

企業の資産は大きく、有形資産と無形資産に分かれ、人的資本は無形資産に該当するが、過去のOECD（経済協力開発機構）の報告によれば、無形資産が企業の生産性に与える影響は有形資産より大きいとされている。しかし、日本の対GDP比の無形資産投資比率、無形資産投資に占める人的資本比率はどちらも低い。

二〇二三年三月期から有価証券報告書での人的資本の開示が義務化されたこともあり、人的資本という考え方は大企業特有のものだとする向きもあるが、日本の全GDPの半数以上を占め、成長の余地を残した中小企業こそ、人的資本経営の考え方が必要になるのではないだろうか。

低迷を続けている日本経済が活力を取り戻すためには、中小企業の「人的資本」がカギになるに違いない。本書はその前提に立った。

大手企業に比べ、本書に登場する経営者たちと社員の距離は近い。そして、どの経営者にも経験と、経験によって培われた思考があり、社員を育てようとするその姿勢は、日本で古くから行われてきた「口伝《くでん》」を思わせる。

口伝は文字通り「口で伝える」ことだが、記録ではなく記憶を伝えること、という表現が近い。文字では書き切れないものを含めて伝えようとするもので、現代の視点で言えば、マニュアルや取扱説明書のように読めば分かるというものではなく、人から人へ伝える経験値ということになるだろう。

本書では、二五名の経営者の現在に至るまでの過程にも触れている。

積まれた課題を解決する。困難な壁を乗り越える。逆境に耐えて切り開く。二五名分の越えてきた経験値がここにある。

経営者たちのストーリーがこの本を手に取ってくださった方々の光明になればと願っている。

もくじ

はじめに　3

01
財務コンサルで企業の持続的な成長に寄与
「外部の専門家に頼る」という選択肢を中小企業に
株式会社グロウアップパートナーズ　代表取締役
浮島　達雄　14

02
取り扱いサービス二五〇種類以上
採用領域を総合的に解決するプロ集団
株式会社ＩＸＭＩＬＥ　代表取締役
西村　優吾　24

03
徹底的な現場目線で建設業界に革新の風を吹かせる
「図面のプロ集団」
株式会社ＰＦＣ　代表取締役
松葉　竜也
34

04
お客様にとっての一番を目指して真空蒸着のパイオニア
旭真空株式会社　代表取締役社長
大久保　功
44

05
突然の失明が人生の転機に
人に悩み、人に助けられた社長が経営するＩＴ会社
株式会社ＳＣＲＥＥＮ　代表取締役
平岩　順一
56

06
ここで生活基盤をつくり好きなことをしてほしい
過去の経験から社員の人生を尊重
株式会社創和　代表取締役
福士　壽和
64

07
入社後すぐに予期せぬ代表就任
保険業界の概念を変えるべく「営業禁止」のスタイルで
株式会社シー・アイ・エス　代表取締役
陣内　涼
72

08
「高齢者施設に『あったかい』お食事を」
利用者も職員も笑顔にする食材販売会社
Co株式会社　代表取締役
石井　則好
82

09
独自の仕組みで若手の成長を後押しする
「社員が主役」の建築設備会社
株式会社Limit-less　代表取締役社長
中川 信太郎
90

10
有機溶剤の再生品の普及で企業の環境への取り組みに貢献する
Hayaoki株式会社　代表取締役
境田 憲啓
98

11
「施工管理の魅力を次世代に」創業時からの想いを継ぎつつ
時流を見極め、模索し、力強く前進する
株式会社成和建設　代表取締役
川口 敏
106

12
気軽に相談できる外部の情報システム部として、
お客様ごとの唯一無二のパートナーに
AiTパートナー株式会社　代表取締役　蒲池　晃
114

13
放電加工で日本のモノづくりの未来を支える
広島県の小さな町工場
株式会社橋川製作所　代表取締役　橋川　栄二
122

14
太陽光設置で独自にビジネスモデルを築き
他社がやりたがらない仕事を専門に
太陽光技研株式会社　代表取締役　青木　宣幸
130

15
一族の歴史をバックボーンに、まだ見ぬ「常識」を世界へ
NobleGate株式会社　代表取締役　坂口 烈緒
138

16
国内唯一のターンテーブル専門メーカーとして、あらゆる「廻したい」をカタチに
株式会社Turn Tech　代表取締役　井口 良治
148

17
建設業界におけるデジタル化の先駆者
紆余曲折を経て育まれた経営哲学のもと、未来へ
大真エンジニアリング株式会社　代表取締役　大地 一洋
156

18
「壊す」にとどまらない解体工事会社
ＩＴを織り交ぜて顧客の思いに寄り添う
株式会社Re.RISE　代表取締役
北木　康裕
166

19
二十代で代表を継ぎ苦境からの出発も
先を見据えた「人への投資」で成長を続けてきた
南西空調設備株式会社　代表取締役社長
久高　将泰
174

20
不況やピンチこそ、新たなビジネスが生まれるチャンス
アーステップ株式会社　代表取締役
迫田　秀幸
182

21
研究者から始まったキャリア
成長を求め続けた先にあったＡＩ分野の事業者という道
株式会社ＳＴＡＲ ＡＩ　代表取締役
吉田 学
192

22
ビジネスの本質は「人のために」
──経営者のベクトルが社会を変える
PROFIT SHIP株式会社　代表取締役
倉井 智也
202

23
経験も人脈も、一生涯続く「私の宝」
eesa studio株式会社　代表取締役
佐藤 寿亮
212

24
「職人技」で切り拓く製造業の未来図
長尺加工のプロフェッショナルが描く、二〇〇年企業への道
株式会社三谷製作所　代表取締役社長　三谷　晋一郎
222

25
誰もが自身の魅力に気づき、信じ、発揮できる社会へ――。
キャリアコーチが描く未来
株式会社ルメス　代表取締役　宗像　祐
232

01 財務コンサルで企業の持続的な成長に寄与「外部の専門家に頼る」という選択肢を中小企業に

株式会社グロウアップパートナーズ
代表取締役　浮島　達雄

■〒519-0111　三重県亀山市栄町1488-338
Tel 0595-81-9116
■https://growup-partners.jp/

財務面から経営課題に向き合う

「財務の専門家」と聞いて、どんな方を思い浮かべますか？「税理士」と答える方が多いのではないでしょうか。しかし、税理士は「税務」の専門家であり、「経営」や「財務」の専門家ではありません。グロウアップパートナーズは、経営財務のコンサルティングを強みとする財務コンサルティング会社です。月ごとの財務状況をもとに課題を捉えたうえで、社長が目指す未来の実現に向かって伴走することができる「経営支援」に強みを持っています。

私はこの仕事に一〇年以上関わってきましたが、中小企業の社長は本業に時間を取られることが多く、経営上の数字を細かく把握されていません。そうなると、お金が「入ってきた」「出ていった」と感覚的な理解にとどまってしまい、売上が増えれば、「うまくいっている」と捉えがちになります。

しかし実際には、お金は入ってくるよりも出ていくほうが先になることが多いため、頭で「これくらい」と考えている収支と現実の間には隔たりがあります。そのため、売上が増えても資金繰りが難しくなったり、場合によっては支払いが滞ったり、最悪事業の継続が困難になることも考えられます。

一方で、損益計算書や貸借対照表などの財務資料から数字を分析し、自社の強み、弱点、市場の動向を把握しておけばどうでしょう。将来の可能性に向けて具体策を練ることもできますし、問題が生じたときにはすぐに解決に向けた一手を打つことができます。

私が知る限りでは、財務を起点に経営にまで踏み込んでサポートができる企業は、業界全体を見ても限られています。当社がそれを可能としているのは、私や社員に財務領域での業務改善経験があることはもちろん、私自身が過去にさまざまな仕事の経験を通じて、企業の現場を肌感覚で理解できるからだと思っています。

私自身の過去の人生を振り返ったとき、楽だったと思う仕事は何ひとつありませんが、挫折した時期も含め、関わった仕事に全力で取り組んできたと自負しています。

さまざまな現場を経験したことが「今」につながっている

大学卒業後、私が最初に就職したのは大手のシステム開発のグループ会社で、営業職として配属されました。会社からは新人の中で一番期待をされて、営業レベルが高い宮崎県の営業所に配属されましたが、わずか三か月でリストラに遭いました。営業活動を一度もすることなく解雇されたため、理不尽に感じる点はありましたが、それより、自分の甘さを認識したことが私にとってプラスになりました。この時に普通の人と同じような努力の仕方では絶対駄目だと学びました。

その後、就職したパチンコ会社では、管理職としてやるべきことを徹底的にやるだけでなく、人がやりたがらないことを積極的にやろうと決めて、とにかく夢中で働きましたね。そこで勤務した七年の間に、何度もヘッドハンティング会社から勤務先に連絡を受けていました。仕事に夢中であったことと、そういった話に対して不審に思い、最初は対応しませんでしたが、電話先の会社はヘッドハンティング業界では有名な企業のため、その不信感も徐々に払拭されていきました。こうしたことから、仕事に対しては高く評価されていたのだと思います。そして縁あって、現在、当社がある三重県に移りました。

転職のきっかけは、私自身がやらないパチンコを人に勧めることに違和感を抱くようになったことや、三〇歳という区切りの年齢で違う仕事にチャレンジしたいと考えたからでした。自信を持って人の支援がしたいと思い、司法書士事務所に転職して初めて法律関係の仕事をしました。その後、スキルアップを考えてWeb会社に転職したのですが、ここでも業績悪化による人員整理があって一年未満で退職。いったん九州の地元に戻ることにしました。この時に中小企業の経営は資金繰りがとても大事なんだと分かりました。

仕事でお世話になった異業種の社長が送別会を開いてくださったり、人脈も広がっていたので、いろいろな方にいつか恩返しをしたいと思いつつ帰郷しましたが、地元にいても、何かをやり残しているような、結果を残せなかった悔しさが大きくなるばかりでした。

そして、再び東海地方に戻って一年ほどが過ぎた頃、司法書士事務所にいたときに知り合った税理士の先生から「独立をしたから一緒に来てほしい」とお誘いを受け、まったく業界の経験はありませんでしたが、税理士事務所を母体とした財務コンサルタント会社に転職しました。そこでは財務コンサル部門の仕事を担当していましたが、三年目あたりから補助金申請の相談が来るようになりました。六年目には、補助金業務全般を任されており、値決めやマーケティング戦略などの業務も一人で全て対応していました。お客様にできるだけ手厚いサポートをしたいという思いが強くなり退職、グロウアップパートナーズを創業しました。

ここに至るまでには、いくつかの転職をしてきましたが、それが複合的な自分のスキルに繋がっています。すべての業務で一生懸命働くことで重ねてきた経験がいつしか私の中で練れて縦横に広がり、応用力となって今の仕事に生かされている気がします。

補助金申請の肝は経営者の頭の中をカタチにすること

当社のメイン業務のひとつに補助金コンサルティングがあります。補助金の申請は、「採択されるか」「採択されないか」のシビアな世界です。しかし、その分、採択されればお客様と一緒に喜びを分かち合い、補助金を活用した設備投資により企業が成長していく姿を間近で応援することができます。これはとてもやりがいのある仕事です。

補助金は全国的に約三〇〇〇種類ほどあるといわれています。しかし、この制度が活用されているのはほんの一部でしかありません。九九パーセントの会社は利用できていないといっても過言ではありません。また、補助金の専門家の多くは有名どころの補助金しか対応していません。しかし、私は「面倒なことをあえてやろう」というスタンスで、企業にとって最善最適な制度設計を行います。ここまでやっているのは、同業者の中でも全国的に当社ぐらいではないかと自負しています。三〇〇〇種類もある補助金を頭で覚えることはできないので、時間も手間もかかります。しかし、誰もやらないからこそ、そこに価値があるのです。

補助金の相談を受けた場合、お客様の課題をヒアリングして、全国の補助金の中から最適な制度をピックアップし、お客様の負担が最も軽減され、企業成長に最も寄与できるものを選びます。事業計画書の作成においては、これまでの経営財務コンサルとしての視点を加え、数字を分析したうえで、「会社としての強み、弱点」「市場にはどういったニーズがあるか」「競合他社の状況はどうか」などを洗い出し、補助事業を行うことでお客様の企業がどのような成長につながるのかを数字に落とし込みながら作成していきます。

ここまでの過程で、お客様は経営課題とその解決策に向き合うことになるため、「こうしたい」と漠然と描いていたものが「具体的なカタチ」になります。もちろん採択されるかどうかは重要ですが、こうした申請前の段階で「やろうとしたことが明確になった」と喜んでいただけるケースが多いのもこの業務の特色です。

大赤字だった店舗が行列ができるほどの人気店に

ある企業様をご支援したときのことです。カフェとアパレル、玩具の販売という三軸で事業を展開されており、カフェには顧客があるものの、他の事業はあまりうまくいっておられませんでした。

管理会計を導入して部門別に分析したところ、カフェメニューのひとつであるカステラの原価率が低いことに気が付きました。カステラは社長としても思い入れのある商品でした。当社が抽出した財務上の課題をもとに、社長は事業をカステラの製造・販売への一本化に舵を切る決断をされましたが、社内では大多数が反対意見でした。しかし、その反対を押し切って進めていくうちに、カステラ事業をきっかけに企業間のコラボが増えたり、芸能人の結婚式の引き出物に使われるなどしてテレビにも取り上げられるようになり、お店は遠方からの客で行列ができるほどの人気店になりました。

当社がご支援の際に重要視しているのは、数字面の現状と未来に向けた選択肢をご提示したうえで、最終判断を社長に委ねることです。なぜならその業界で経験を積んでこられた方の選択を尊重すべきだと思いますし、何より「決断」は社長の一番の仕事であるからです。外部のコンサルタントがそこを邪魔してはいけません。どのような決断をされても、当社はその結果が最良となるようご支援したいと考えています。

私はより多くの経営者に、専門家に頼るという選択肢を持っていただきたいと思っています。外部に相談するところがない、あるいは頼り方が分からないとおっしゃる中小・零細企業の社長は案外多いものです。昨今は労働市場全体で人手不足が続いているため、生き残りをかけるためにも外部のリソースを活用することが必要なのではないでしょうか。

現状では、財務面の支援＝税理士という印象が強く、私たちのような民間業者の存在はまだまだ浸透していません。企業様が「頼る」先を、「選ぶ」という選択肢を持っていただけるようにと願っています。

日本社会の暗い雰囲気を打破してワクワクを創造する

ＳＮＳや動画プラットフォームの浸透により、個人が注目される時代になってきました。今では、同じ商品の宣伝でも、企業より有名ユーチューバーによる発信のほうが影響力を持つ場合もあります。

当社では、大手から中小企業様まで、毎日のように全国からお問い合わせをいただけるようになりました。しかし、お客様がサービスを選ぶときの最終的な決め手は「企業の所在地」や「組織規模」になりがちなのです。そうなると、三重県にある中小企業の当社は不利で、問い合わせが増えても、成約にいたらないケースも多々あります。

その対策の意図もあり、「浮島達雄」という私個人のブランディングを強化している最中です。インターネットで情報の拡散量を増やすことで、会社だけでなく個人としての認知度を高めることができます。ネットを通じた情報発信は、自分自身の人柄や考え方を伝えることができます。それにより、「この人は知識が豊富で信頼できそうだからお願いしたい」というように個が重視され、より多くのお客様と出会えるのではないかと思っています。

仕事には困難な壁や不安がつきものですが、「本気で仕事に向き合っていけば道は切りひらける」という経験からくる確信が私にはあります。また、二十代の頃リストラされ、地元に戻ったとき、母に言われた「あなたならできる」という言葉を今でもとても大切にしています。困難に立ち向かっているときにこの言葉を思い出すと、不思議に「大丈夫」という心持ちになります。

停滞する日本経済の中で、未来を模索する企業様に当社は本気で向き合い、壁があればそれを越えられるように、寄り添ってお手伝いをします。そして成長を遂げられた企業様の事例が他社様のロールモデルとなり、また新たな成長へとつなげていただく。それが日本経済の停滞感を打破する一助になればと願っています。

最後に、仕事は私たちが生活している中で最も多くの時間を占めています。働くことをワクワク楽しめる会社はお客様を喜ばせることができ、絶対に潰れることはないでしょう。

02 取り扱いサービス二五〇種類以上 採用領域を総合的に解決するプロ集団

株式会社ＩＸＭＩＬＥ

代表取締役　西村　優吾

■〒262-0033　千葉県千葉市花見川区幕張本郷1-3-5 大岩ビル505

Tel 043-307-4950

■https://ixmile.jp/

中長期的な企業成長の観点からサポート

私たちは、人材ソリューション事業と採用ブランディング・採用支援事業、スタートアップ事業の三軸を掛け合わせながら企業様の採用を総合的に支援しています。

日本は少子高齢化が進んで労働人口が減っていますが、一方で技術は進化し続け、採用市場は目まぐるしく変化しています。つい五年前まで、三人の求職者に対して四社が採用競争をしていたのに、昨今は三人を九社で取り合っているのが現状です。そのため、企業の採用課題は複雑化していて、「こうしたら採用できる」というような単一的な解決は不可能になりました。

そういった現状を踏まえ、日本を良くしようと挑戦する企業を支えるために、私たちは目先の課題解決にとどまらず、中長期的な成長をサポートしています。立ち位置としては、企業経営のアドバイザーであり、そのうち直接支援する領域が採用であるというイメージです。

設立一年に満たない当社ですが、幸いなことに、求人広告サービスの提供先は一五〇〇社以上となり、サービス開始時から現在までで四五〇パーセント以上の増加率で推移しております。スタートアップ企業様の支援数も五〇〇パーセント以上の増加となり、会社としてはまだまだ課題がありますが、支援における伴走力について評価を頂けていると感じております。

人材事業に関わり始めるまで

創業前は大手人材会社に八年間勤めました。ありがたいことに、当時最年少となる入社一五か月での課長昇格や「最優秀プレイヤー賞」をはじめ各賞を受賞するなどの評価を頂き、その後のキャリアとしてスタートアップ企業の事業責任者や、投資業務を経験しました。ここまで順調にキャリアを重ねることができたのは、子供の頃から見てきた「両親の背中」や、「人への想い」を持てたことが、大きなきっかけであったと思います。

私の両親は会社経営をしていて忙しかったこともあり、いつも兄弟だけでご飯を食べて寝る毎日でした。子供の頃の私は、褒めてほしい時や学校での出来事を話したい時に寂しさをいつも感じていました。ただ、私自身が少しずつ大きくなっていく過程の中で、両親がどれだけ家族や従業員を守るために大変なことをしているのかを知り、自然と両親に対しての尊敬を抱くようになり、そして経営というものを近く感じることができるようになりました。両親から限られた時間をどのように使うか、日常的な課題を工夫しながら目標に向かって努力する大切さを学ばせてもらったと思います。

初めてベンチャー企業に触れたのは大学生の時でした。全国から同じ志を持つ学生のみで不動産店舗を運営し、次第に売上を上げることができていく中で共に成長していけたと思います。ずっと不動産を続けていくことも考えましたが、地元の福島県いわき市における東日本大震災を経験した中で「人の命の儚さや尊さ」を知り、もっと「人」を大切にすることが叶う場所として次なるキャリアとして人材業界を選びました。

被災地でのボランティアに参加した際に、支援物資の服をひときわキレイにたたむ年配の男性がおり、私の思いを話していく中で「あなたのような思いを持っているなら〝人〟に関わる仕事がいいのではないか」という言葉を下さったことも人材業界に飛び込んでいく背中を押すきっかけになりました。そこから今も変わらず、ずっと人材業界で「人との出会いが生む可能性」を実現することに尽力しています。

横並びの中からトップセールスマンは生まれない

大手人材会社の在籍時に最も大切にしていたのは、中長期的な経営課題を踏まえてお客様に伴走することです。社内には「定価で受注できたらかっこいい」「ニーズが明確な会社にだけアプローチを」というような型化の風潮がありましたが、私はそこに納得できない思いを抱いていました。

目先の案件獲得や利益、周囲からの評価ではなく、目の前の企業様がどんな人材を求めていて、中長期的にその人材にどうなってほしいのか、企業として将来目指すのは何なのかなど。過去・現在・未来のそれぞれの軸を確認して本質的な深掘りをしたうえで、それに応えるために丁寧に時間をかけながらご支援することが大切だと思いました。

そうやって動いていると、おのずと周囲とぶつかることが多くなります。「なんで特別な動きを許すのか」「もっと周りに合わせてほしい」といった声も聞こえてきましたが、私が最も尊敬する当時の上司が守ってくださり、出る杭が打たれるなら出続けて結果を出せばいつか納得してもらえると信じて進み続けました。

みんなが同じような動き方をしていると、その中からトップセールスマンってなかなか生まれないと思います。そもそも一口に「営業力」と言っても、定義は人やシーンによって異なります。カリスマ性のある人がサラッと売っても営業力だし、控えめな人が丁寧にコミュニケーションをとって時間をかけて売るのも営業力です。そういった個性を一緒くたにして型にはめようとすると、小さく縮こまってしまいます。大切なのは、お客様から見たときに何が望ましいか、なのではないでしょうか。

スタートアップ企業ならではの難しさを痛感

在籍五年目を迎えた頃、出資先のスタートアップ企業に出向して事業責任者としてゼロイチに関わることになりました。スタートアップ企業は、実績や認知度、予算、ノウハウなど何をとっても「ないものばかり」です。現にそのときは会社にエンジニアが数名いるだけで、営業が一人もいない環境でした。マンションの一室であるオフィスで、お風呂場やクローゼット、ベランダなどに分かれて商談するような中、全員で一つずつ課題解決をしながら組織を作り上げていきました。

スタートアップはないものばかりですが、目指す理想やビジョンは強く持っております。実現したい世界観のために少ない人数で成果を出すためにも経験値が多く、同じ目線で進んでくれる人材を採用する必要がありました。一か月間でまとめて数名が退職するような時期もあって、スタートアップの難しさを痛感して悩んだことも多くありましたが、約二年間のこの経験がきっかけとなって、スタートアップ企業が採用活動の基盤を作れるように支援したいという強い思いが芽生えました。

総論ではなく各論で物事を捉える

現在、当社の人材ソリューション事業において、セールスパートナーとしての提供サービスは二五〇種類を超えました。各サービスを組み合わせながら、お客様の課題解決のための最適なソリューションをご提供できる体制を整えています。

最初の五〇サービスほどは私たちから連携先を探しましたが、次第に既存パートナー様が紹介してくださるようになり、最近は紹介だけで広げることができています。

一方で、目線がずれる出会いも増えてきて、お断りせざるを得ない場合もあります。「サービスが多いただの代理店だろう」と鼻で笑われたり、社歴の浅さを指摘されたり。これは大前提として仕方ない点ではあるのですが、お仕事をさせていただいたときに私たちの思いを形にするのが難しくなってしまうため、同じ目線でいられるかどうかを大切な軸とするようになりました。

私たちは総論ではなく、常に各論で物事を考えられるパートナーでありたいと考えています。企業様の中に入って実際に手を動かし、同じ目線で厳しさや喜びを体験しながらサポートをします。来期中に取り扱いサービスを五五〇種類まで増やす計画もあり、同じ目線で寄り添える企業様とこれからもご一緒できれば嬉しい限りです。

採用サービスの情報を網羅できるサイトをローンチ

現在注力していることとして、総合採用支援における代理店に加え自社サービスを強化しています。直近の動きとしては大きく二つ。

一つ目がすでにローンチした「採用のハジメ!」というWebサイトです。当社が提携している二五〇種類以上のサービスについて、特徴や強み、キャンペーン情報を掲載しており、採用面で悩んでいる企業様にストレートに情報を届けています。私たちから最適なサービスのご案内もしているので、各サービスに問い合わせるよりもはるかに早くに採用活動を始めることが可能です。

二つ目が、当社の本社がある千葉県に特化した採用課題解決サービス「チバカケル」です。業界で最も低コストで利用でき、採用に向けたコストハードルを下げて求人の自由化を実現する千葉県特化型の求人サイトと、経営者や人事担当者が自由に思いを発信できるメディアを準備しています。千葉県は、東京に近いエリアと離れたエリアの乖離が激しく、職種や年齢層にも大きく偏りがあり、多くの地域で雇用が生まれにくい現状があります。まずは「千葉県」、そして「採用」を起点に事業展開しますが、中長期的には全国四十七都道府県に展開する特化型求人サイトのリリースや、地域に関連した他事業に発展させ、全国各地の地元から愛される会社にしていきたいと思っています。

人と人の出会いで世の中を変える

「採用」は企業様にとって終わりなき課題だと思います。当社は起業したてから大手企業まで、あらゆるフェーズにおいて採用周辺の課題をサポートできます。「採用面で解決できないものがない」。それくらい総合的な支援ができる企業になれたらと考えています。

スタートアップ領域についての展望もお話しすると、採用の設計や戦略立案などの準備過程において、「支援する側がいらない世の中をつくること」が長期的な目標です。簡単な作業だけで採用準備が完了するようなプロダクトをつくり、時間や予算をかける必要なく、誰でも「最初の採用」を始められる環境を構築したいと考えています。

社名である「ＩＸＭＩＬＥ」には、「Ｉ＝人、Ｘ＝無限・交流・未知数、ＳＭＩＬＥ＝笑顔」という意味を込めています。人と人の出会いは無限の可能性を生む。それがいつか、世の中を変えるほどの大きな力になる。私たちはそう信じています。これからの日本経済を支えるのは次世代の企業と人材です。私たちは「採用のすべてを解決できるプロ」として、日本中に可能性に満ちた雇用を生み出し続けます。

03 徹底的な現場目線で 建設業界に革新の風を吹かせる「図面のプロ集団」

株式会社ＰＦＣ

代表取締役　松葉　竜也

■〒140-0013　東京都品川区南大井6-17-10大森レインボービル8階

Tel 03-6823-2383

■https://pfcad-office.com/

建設業界において、設計と施工をつなぐ重要な役割を担うのが「図面」です。図面の巧拙が、建物の仕上がりやコスト、工期、ひいては現場の働き方にも大きな影響を及ぼします。株式会社ＰＦＣは、この図面にフォーカスし、建設業界の課題解決に挑む企業です。代表取締役の松葉竜也氏に、ＰＦＣ設立の経緯や事業の特徴、コワーキングスペース「Pabrid」、建設業界の未来とリンクする自社の夢などについて、お話を伺いました。

人の倍速で成長した新卒の一〇年間

大学で環境分野を学んだ後、新卒で就職先を探す際は「仕事を楽しみたい」という気持ちが強かったことから、ベンチャー企業に魅力を感じていました。スキルを身につけ、会社のトップに立ちたいと考えていたのです。

活躍できる場がありそうだと感じて入社を決めたのは、民事再生を行った建設設備会社。かつては業界一〇位クラスの企業でしたが、社員数が一〇〇〇人から一〇〇人規模に減っていました。それでも再建に向けて尽力する社員の姿勢に共感を覚えたのです。

この会社で一〇年間、施工管理の仕事に打ち込みました。主な職務はビルや病院など大きな建物の設備工事の現場監督。空調や衛生などの設備を扱う重要な役割です。当時は過労死ラインを超える残業をこなす日々でした。普通の人の二倍は働いており、そのうえ本気でコミットしていたので、きっと人の三倍、四倍の成長をしているはずだという自負がありました。

そんな中、抱いていたのは、いつかは自分がこの会社の経営者となり、適度な労働時間で効率的に成果を出せる仕組みを作るという夢です。しかし、会社が子会社化されることになり、その道は閉ざされてしまいました。

ただ、この経験を通じて気づいたのは、長時間労働などの課題は一社だけの問題ではなく、業界全体が抱える構造的な問題だということでした。

そこで私は、自分が得意とし、かつ業界の要でありながら軽視されている「図面作成」という専門職に可能性を見出し、独立を決意したのです。

「中小企業のCAD室に」との想いで起業

図面は建物を造る上で極めて重要な役割を担っています。中でも施工図は、設計図をもとに、配管の取り合いや設備機器の取り付け方法など、実際の施工に必要な情報を詳細に落とし込んだ要の図面です。現場で直接作業する人たちにとって、図面は「設計」と「施工」を繋ぐ重要な架け橋なのです。

図面作成は一見すると事務的な作業に思えるかもしれませんが、建設業の醍醐味《だいごみ》であるモノづくりの面白さが詰まっています。複雑な設計意図を理解し、それを現場で実現可能な形に落とし込む過程には、まさにモノづくりの創造性と緻密さが必要不可欠です。

ところが、現状は図面の品質が現場の要求に応えられていないことが多々あります。品質、コスト、工数、安全管理など、建物を造る上で重要な要素すべてを勘案して俯瞰的《ふかんてき》に作るべき図面なのに、そこに作図の工程を割けず、情報が不足した状態で職人さんに行き渡る例が多くあるのです。

紙の上では可能でも、実際には不可能なことはたくさんあります。図面が現場に即していないと、手戻りが多発し、工期の遅れやコストの増大を招きます。それを防ごうと監督や職人さんたちが長時間労働を強いられ、休日出勤も当たり前になってしまっている。そんな疲弊した現場の姿を見て、若い人たちが建設業界を敬遠するようになる。業界全体の人手不足に拍車がかかり、ますます労働環境が悪化する……。建築業界はこうして、負のスパイラルに陥っているのです。

業界も図面の重要性は理解してはいるのです。しかし、任せられる人材が不足しているのが中小の建設会社の実情です。専門家を育成しようにも、目の前の案件をこなすだけで手一杯。ゆとりがない状況では、抜本的な改善は難しいことは痛いほどわかります。

翻って私は、図面作成が得意で何時間でも没頭できますし、現場の経験も十分あります。そのうえマネジメントも得意です。「図面に特化した会社を作るのは私たちの使命ではないか」と思い至ったのです。大手企業がＣＡＤ室を自社で抱えているように、ＰＦＣは中小の建設会社にとってのＣＡＤ室の役割を担いたいという想いから、事業をスタートさせました。

高い専門性と徹底した現場目線

ＰＦＣの最大の特徴は、徹底した現場目線です。施工管理の経験があるからこそ、現場の職人さんやお客様の立場に立って、図面に落とし込むべき情報を的確に判断できるのです。「あなたの現場の一員として仕事をします」「使える図面を描きます」。コーポレートサイトに掲載しているこの言葉は、現場の人にはズバッと刺さるようです。

「その言葉を信じて！」と突発的かつ特急の依頼が舞い込むこともあります。「図面が施工不可能な『納まっていない』ものだった！　工事開始はもう来週です！」といった相談を受けることもあります。そんな時は、私自身が現場の状況をヒアリングし、必要なら現場へ乗り込み、必要な情報をかき集めます。限られた時間の中で、優先順位の高いところから図面を修正していきます。こうして何度もお客様が抱える喫緊の課題を解決に導いてきました。

図面専用の人員をおく余裕がない中小の建設会社にとって、私どものような図面の専門家集団は、駆け込み寺のようなもの。いつかは大手ゼネコンの案件にも対応できる体制を整えるのが理想ですが、今はまず小規模な会社の課題解決に全力を尽くしたいと考えています。地道に実績を重ねることで、PFCなりの役割を果たしていきます。

働き方改革と業界の将来を見据えたマネジメント

建設業界でも、働き方改革は進んでいます。その中でもPFCはホワイトな労働環境で建設業界を牽引する先例でありたいと、環境整備に取り組んでいます。

PFCでは、週二、三日のオフィス出勤を基本としつつ、あとは個人の裁量に任せるハイブリッドワークを推進しています。建設業界全体においては、リモートワークへの理解が遅れている印象がありますが、図面作成業務に関していえば、むしろ適していると考えています。この働き方は、建設業界の多様化にもつながると期待しています。図面作成は、力仕事ではありません。だからこそ、性別や年齢に関係なく、誰もが活躍できる可能性を秘めているのです。

その上で採用では、PFCの「現場の一員」という理念に共感し、ついてきてくれる人のみを適宜採用するようにしています。PFCの理念、目指すビジョンが社員に浸透していれば、リモートワークでも仕事にコミットして成果を出せるはずだからです。

若手の人材を育成し、図面技術者の派遣事業にも力を入れたいと考えています。二〇二四年五月に派遣業の許可を取得しました。専門会社として新人教育を徹底し、現場でもの作りの面白さと図面の大切さを知り、ＯＪＴで技術力を高めていく。図面からやりがいをもった人財を業界に増やすことで、将来的には、業界全体の人手不足問題を解決したいと考えています。

コワーキングスペースPabridの存在意義

ＰＦＣではコワーキングスペース「Pabrid（パブリッド）」も運営しています。ＰＦＣのオフィスと同じフロアに開設しました。一見、建設や図面とはなんの関係もなさそうですが、Pabridの運営もＰＦＣの事業戦略において重要な位置づけにあります。実務上は、派遣業の認可を得るために必要なスペースの一部をコワーキングとして活用しているということなのですが、それ以上の意味ももっているのです。

狙いのひとつは、建設業界の外から、ものづくりに関わる人材を呼び込むこと。異業種の人たちが交流することで、私たちと利用者様の相互の視野を広げ、新たなアイディアや革新につなげていきたいのです。そしてコワーキングスペースを使って、社員には自由な働き方と働きやすい環境を提供したいと思っています。席の固定はなく、フリードリンクや貸出備品を福利厚生として自由に使え、同じ空間で働く他業界の人たちに刺激を受ける。社員と利用客が相互に良い影響を受ける。そんな好循環を生み出していくことが、Pabridという場の存在意義です。

「関わり続けたい会社」を作る

ＰＦＣを立ち上げ、社員を雇用するようになって「人を雇う」ことの重みを感じています。法人化する時に迷いはありませんでしたが、経営者になる、つまり人の人生と家族を背負う時には、非常に葛藤がありました。同じく経営者である叔父に相談したところ、究極は「ついてきてくれ」と覚悟をもって示すのみ、とアドバイスを受けました。「想いに共感してくれるなら、期待に応えるよう全力で努力するので、一緒に仕事をしてほしい」、それを言えるだけの覚悟をもつことだと。

だからこそ私は、ＰＦＣに集まってくれる社員一人ひとりの想いに誠実に向き合いたいと思っています。ただ会社の利益のために働いてもらうのではなく、一人ひとりの成長と幸せを追求してもらえる環境を作る経営者でありたいのです。

ＰＦＣが目指すのは「働き続けたい会社」ではなく「関わり続けたい会社」です。私は前職の会社とは、今でも外注先として取引をしています。おそらく会社内にいた時よりも役に立っているのではないかという自負があります。ＰＦＣでも、個人の能力や知識、経験がたまったら独立を志すのは大歓迎です。羽ばたいていった人たちが、今度はパートナーとしてＰＦＣに恩返しをしてくれるなんて、すごくいい関わり方だと思いませんか。

建設は、日本の国土を支え、人々の暮らしを守る、とてもやりがいのある仕事です。ＰＦＣは設立からまだ日が浅い会社ですが、「現場の一員」として、これからも図面を軸に、建設業界に新しい風を吹き込み、ゼネコンや工務店、設備会社など、建設業界のプレイヤーをつなぐハブとなりたいと思っています。業界の皆様とは、建設現場での直接の関わりだけでなく、「Pabrid」を通じた交流も深めていければと思います。

そして、建設業界、特に図面に興味を持つ若い人には、ぜひこの仕事の奥深さとやりがいを知ってほしいですね。図面作成を通じて、モノづくりの楽しさを体感してほしい。そして現場の課題を見つめ、それを解決する専門性を磨いてほしいです。問題解決に向けてみんながそれぞれの立場で一歩ずつ動き出せば、必ず業界は変わると信じています。図面を通じてモノづくりの面白さを社会に伝え、建設業界の未来を切り拓いていく。それが私たちの使命だと考えています。

04 お客様にとっての一番を目指して真空蒸着のパイオニア

旭真空株式会社

代表取締役社長 大久保 功

■〒311-1537 茨城県鉾田市紅葉693
Tel 0291-36-2121
■https://asahi-shinku.co.jp/

茨城県鉾田市に本社を構える旭真空株式会社は、真空蒸着やカラー塗装などの表面処理加工を専門とする企業です。一九七四年の設立以来、時計部品から自動車用ライトや医療用照明部品、プラモデル部品まで、多岐にわたる製品の製造に関わってきました。

現在、代表取締役社長を務める大久保功氏は三代目。小糸製作所やバンダイナムコクラフトなど国内トップメーカーとの直接取引を実現し、品質管理の徹底とDX推進などの取り組みで会社を成長させています。

「お客様にとっての一番」を目指す大久保社長に、経営哲学や若手育成への思いを伺いました。

三代目社長へ……家業継承の道のり

幼い頃から、家業とそこで働く家族を間近で見て育ちました。住まいと工場が同じ敷地内に隣接している、よくある田舎の町工場そのものでしたから、学校から帰ってくると、父母や祖父母、従業員さんのそばで、工場内を駆け回って過ごす毎日でした。

ですから、家業を継ぐことについては、意識せずとも自然の流れだと感じていました。思春期の頃には、三歳上の兄と「一緒に家業をやっていこう」という話をしたことも覚えています。兄は社交的で、私は人見知りな性格だったので、兄は営業の外回り、私は現場という役割分担も漠然と考えていました。

しかし、私が高校生の時、兄が事故で他界してしまったのです。状況は変わってしまったものの、一人でも家業を継ごうという思いは変わらず、大学卒業後すぐに入社しました。入社してからは、社内管理や販路拡大、新技術の開発に携わり、今年で二一年になります。

二六歳の挑戦……大手との直接取引実現

そんな中、車のライトなど電子装置の大手である小糸製作所様との直接取引を目指したのは、私が二六歳の頃でした。もともと商社経由でのお取引はあったのですが、正直に申しますと、そのやり方に手応えのなさを感じていたのです。商社が間に入ることで、メーカー側にお客様の本当のニーズが聞こえてきにくい面がありますし、どうしてもコスト優先の話が先行してしまう。生意気にも「これじゃダメだ。どうせ苦労するなら、実のある苦労をしたい」と思ったのです。

小糸製作所の担当者さんに会うたび「どうしたら直接取引できますか?」と、しつこい程に質問していました。社内外からは「そんな大企業と直接取引できるわけがない」と冷ややかな目で見られていましたが、私は本気でした。当時は若くて、本当に世間知らずだったんです（笑）。

そんなある日、打ち合わせで品質保証の話になりました。ここを直接取引の糸口にしたいと思った私は「三か月間、私が静岡に駐在します！」と即答したんです。思わず口をついた言葉で、事前相談もなにもしていなかったので、あとで父や叔父にこっぴどく叱られました。

駐在中は貢献できるよう、必死で働きました。ことあるごとに「口座開設したいです」とPRすることも忘れませんでした。そんなある日、担当のバイヤーさんと二人きりの機会が訪れたのです。ものすごい雨の日の車中でした。バイヤーさんは真剣に、本気の覚悟はあるのか、と聞いてきたのです。「当然です」と即答し、重ねて「今までお世話になった商社さんも大切にして、筋を通します」と答えました。

結局、約一一か月で直接取引が実現しました。一年での口座開設は異例中の異例だということは後から知りました。担当バイヤーさんが、社内でかなり働きかけをしてくれたと聞いています。

特別なことはしていません。ただ自分の考えを、素直に正直に誠実に伝えるようにしていました。「真面目だね」「一生懸命だね」とは、よく言っていただけました。ちょうど小糸製作所様にも、旧来的なお取引全般に一石を投じ、新しい風を入れたいといったような思惑があったのかもしれません。

ですから、当時は地元からの風当たりは強かったです。「不当な安い価格で仕事を取っている」などとよく陰口を言われました（笑）。しかし、自然体で接し続けることで、今では仲良くしていただいています。

現場主義で実現したクレームゼロの記録

しかし当然ながら、順調なばかりの社長人生ではありません。二〇一九年に製品不良が急増した時は、本当に厳しい状況でした。まず、品質管理方針を徹底的に見直し、「止める」「呼ぶ」「待つ」の徹底、標準作業の遵守、外観検査時間の確保などを実践しました。

その時以来、弊社には品質管理担当は一名しかいません。その一名も小糸製作所専属の担当で、茨城にはいないんです。つまり本社に品質管理担当はゼロ。一般的に品質管理部というと、不具合が起きた後の後始末をする部署というイメージが強いのではないでしょうか。しかし、その意識が社内にあると良品は作れないと思いました。現場のスタッフ全員が品質管理部員であるという意識を持たないと、良品は作れないんです。不良は意図的に出すわけではないのですから「なぜ不良を出すんだ」と叱責するのではなく、「なぜそうなったのか」を全員で考え全員で再発を防ぐ、それが弊社の品質管理です。

弊社の「お客様にとっての一番」である会社は最近言語化したビジョンですが、その考え方自体は以前からありました。スタッフには「君たちは塗装するのが仕事じゃない。お客様の仕様に合わせて買ってもらえる塗装をするのが仕事だ」と言い続けています。

また、私自身、毎日午前と午後に現場を回っています。その時に大切にしているのが、「誰が言ったか」ではなく「何を言ったか」で話を聞くこと。新人だろうが、派遣社員だろうが、気づいたことは言ってもらう。そして、それにきちんと耳を傾ける。そうすると「社長、これ見てもらっていいですか」などと、声がかかるようになります。些細な違和感やアイディアなど、ちょっとしたことがミスの芽をつんだり、大きな改善につながったりするのです。

そんな取り組みが実を結び、二〇二四年六月一七日時点で、メインの取引先に対しては二一三四日間のクレームゼロを達成しています。これは全社員の努力の結果だと思います。

「人助け案件」が社員の成長につながる

また、最近よくあるのが、新規のお客様からの「短納期で引受先がなく困っている」「他社に断られた」といった相談です。普通なら断る案件なのでしょうけれども、お困りの状況は気の毒ですから、弊社の状況いかんではお引き受けすることもあります。そんな時、現場には「今回は人助け案件だ」と伝えるのです。

面白いのは、こういう案件の方が現場のモチベーションが上がることです。「本当に困ってるんです」と裏表なく言われると、みんな腕まくりして一生懸命頑張ってくれます。最近感じたのですが、これは単なる「人助け」ではない。弊社の社員の成長にもつながっているのです。仕事に対するプライドや責任感がぐっと育つんですね。

結局のところ、「ものづくりは人づくり」なのだと感じます。技術を磨くということは、すなわち人の成長でもあります。「人助け案件」もその一環。困っている人を助けながら、自分たちも成長するという好循環を作れる会社でありたいですね。

ＤＸで進化が加速する製造現場

世の中の潮流に合わせて、ＤＸの推進にも力を入れています。既製品ではないスクラッチ型で弊社に合わせた基幹システムの開発をしているところです。二〇二二年の秋からシステム開発を始めて、約一年半が経過しました。システムの完全運用が始まれば、現場でタブレットを使ってリアルタイムでデータを確認・入力することで、発注から納品までの全工程を一元管理できるようになります。完成は来年の秋頃を予定しています。

ＤＸにはヒューマンエラーの減少を期待しています。製造業のトラブルの約八割はヒューマンエラーが原因だといわれています。しかし、社内の最新状況がリアルタイムで確認できれば、ミスは大幅に減らせるはずです。例えば、素材の受け入れデータを事務所と現場で別々に入力していたのが、一度の入力で済むようになれば、今まで二重三重で行っていた作業が一本化できます。作業の無駄や手戻りが減り、生産性も上がるでしょう。データの可視化や検索機能も魅力的です。データ化することで、実績やノウハウが簡単に参照できるようになります。「前にも似たような例があったよね」と気づいた時、人力で図面を探すのは大変ですが、デジタルなら一瞬です。DXは、埋もれたデータを可視化し、安心と安全の見える化をはかることができる優れた手段であると捉えています。

現場への導入は、思ったよりスムーズに進んでいます。まず、工場内にWi-Fi環境を整備し、タブレットを一台導入して、まずは無料のビジネスツールの使用を始めました。最初は「今までのやり方が変わる」「使いこなせるかな」と抵抗があるスタッフもいましたが、使ってみると「これ、けっこう楽じゃん」と好評で、意外と早く慣れてくれましたね。

ユースエール企業として若手の力を活かす

若手人材の育成も、力を入れている分野です。二〇二三年七月には、若者の採用・育成に積極的で、若者の雇用管理の状況などが優良な中小企業として「ユースエール」認定をいただきました。実は、管轄労働局のエリアでは我々が第一号なんです。

ユースエール認定をいただいたことで、若い世代がより働きやすい職場にしていこうという思いがいっそう強くなりました。今後、企業が成長するためには、若い世代の価値観を取り入れることが不可欠だと考えています。

具体的には、新卒採用に力を入れています。今年四月には高卒の男性が一名、七月には一八歳の女性が入社しました。弊社従業員のボリュームゾーンは四十代で、二十代の従業員は全体の約一割程度ですが、徐々に増やしていきたいと考えています。

若い人の意見は積極的に聞くようにしています。特に、会社のインスタグラムなどのSNS運用については「どうしたら『いいね』が増えるかな」「どういう投稿をしたら親近感を抱いてもらえて、フォロワーが増えるだろう?」といった話をよくしますね。彼らはSNSの空気感を熟知していますから。

SNSの主目的は「会社の雰囲気を外部に伝える」こと。日々の仕事の様子や社内イベントの報告、時には「人助け案件」の成功事例なんかも載せています。面白いのは、こういった投稿が社内のコミュニケーションツールにもなることです。「今日のインスタ『いいね』多かったね」とか「あの投稿、お客さんから反応あったよ」などといった会話が生まれ、社内外のコミュニケーションの活性化につながっています。

そして、何より大切にしているのは、若い人たちが「この会社で働いていて良かった」と思えるような環境づくりです。給与や福利厚生はもちろんですが、それ以上に「自分の意見が聞いてもらえる」「新しいことにチャレンジできる」という実感を持ってもらいたい。若い人たちと一緒に、この旭真空という会社を、もっと面白く働きがいのある場所にしていきたいですね。

地域との共生と事業拡大の展望

今後の展望としては、まず会社を存続させていくことを前提とした上で、地域との共生を大切にしていくことです。我々は地域の皆さんの支えがあって、三代続いて今日まで来られました。これからはさらに地元採用にも力を入れて、地域に貢献していきたいと考えています。

また、お客様のニーズに合わせて、できることの幅を広げていきたいと考えています。例えば、ホビーパーツの分野では、今までは素材の加工だけでしたが、後工程である「袋詰め（ピロー包装）」に対応し、次年度中には前工程である「射出成形」にも挑戦していきたいと考えております。自分たちにできることを増やし、お客様の課題解決の力になれる存在でありたいですね。

私の経営哲学の根本は「人と人とのつながり」を大切にするということ。取引先との関係も、社員との関係も、すべては人と人とのつながりです。特に心がけているのは、相手の立場に立って考えること。新入社員と話すときは、自分が新入社員だった頃のことを思い出すようにしています。また、とっつきにくい人や付き合いづらい人にこそ、積極的に声をかけるようにしています。そして、何より大切にしているのは誠実さ。お客様に対しても、社員に対しても、裏表のない誠実な姿勢を心がけています。それが信頼関係を築く基本だと信じています。

読者の若い皆さんには、失敗を恐れずにチャレンジしてほしいと思っています。失敗は成功への近道。失敗から学び、次に生かすことで、必ず成長できます。皆さんの若い力と新しい発想で、日本のものづくりを、そして社会をもっと面白くしていってください。私も皆さんと一緒に、これからも挑戦し続けていきたいと思います。

05 突然の失明が人生の転機に 人に悩み、人に助けられた社長が 経営するIT会社

株式会社SCREEN

代表取締役　**平岩 順一**

■〒446-0058　愛知県安城市三河安城南町1-15-8
サンテラス三河安城6階
Tel 050-3803-7080

■https://www.screen-anjo.com/

働き盛りのときに突然の宣告

当社は現在、システム開発やインフラ構築をはじめとしたＩＴ分野の事業を展開しています。会社を立ち上げたのは二〇一九年。いま振り返ると、そこに至るまでいろいろなことがありました。一番大きな転機になったのは三〇歳のときです。それは同時に、人生を諦めそうになるようなつらい時期でした。

当時私は、大学卒業後に就職した飲食チェーンで働いていました。就職氷河期だったこともあり、就職できた会社で働き始めました。特に目的意識を持たずに店長や商品開発、新規事業立ち上げなどに携わりました。どこにでもいるような普通の会社員だったと思います。

そんな中で三〇歳を迎えたある日、突然、右眼の視界に白い膜がかかったようになりました。心あたりは全くなく、「コンタクトの問題かな？」くらいに思っていたのですが、コンタクトを替えても症状が改善する気配はなくて。心配になり病院に行ったら、「このまま見えなくなるだろう」と診断されたのです。

右眼の奥の毛細血管がブツブツ切れている。原因は不明で治療はできない。しかも、左眼まで見えなくなるかもしれないと言われて、筆舌に尽くしがたい恐怖を感じました。

「人生、終わった」。そう思いましたし、すべてのやる気がなくなって、引きこもるようになりました。誰かに自分の命をあげてもいいと考えてしまうくらい落ち込んで、毎晩泣きました。

告げられたとおり右眼は視力を失い、光も感じなくなりました。砂を噛むような日々が一年半ほど続いたでしょうか。支えてくれたのは交際していた現在の妻でした。当時は両親と暮らしていたので、「大切な人たちを悲しませちゃいけない」という気持ちが少しずつ大きくなり、何とか前を向けるようになりました。最終的に「幸せをつかむためにお金を稼ぐしかない」と考え、個人で営業代行の仕事をして社会復帰しました。

人が悩みの根っこにあった半生

個人事業主として働き始めたので、無我夢中でした。そして三三歳のときに、お客様から「システム会社を立ち上げるので営業を手伝ってくれませんか」と声をかけていただき、IT業界に関わり始めました。それが現在の出発点です。当初は「プログラマーって本当にいるんだ」というレベルでしたが、案件受注やコンサルティングなどに従事するうち、「自分で会社をやってみたい」という気持ちが芽生えてきました。

しかし、最初はなかなか決断することができませんでした。私自身、人生を通して「人との関わり方」に悩むことが多かったため、「自分はトップとしてふさわしい人間なのか」と何度も自問自答しました。

振り返れば、人間関係についての悩みは小学生のときからありました。当時は足が速くて、一見すると活発な子だったのですが、人との距離感をうまくつかめなくて。「友達ってなんだろう?」「自分は周りから嫌われているんじゃないか?」といつも考えていました。

他人の目を気にしながら、自分がどう振る舞えばいいか考えるような子で、大人の言うことを聞かなきゃいけないと思っていました。学生時代は悩みも多く、同級生から「平岩と喋っていると壁を感じる」と言われたのを覚えています。

社会人になってからは「仕事」という軸があったので、学生の頃ほど意識はしなくなりましたけど、私の根っこには「人との関わり方」が悩みの種として在り続けていたのだと思います。

会社設立に向け自問し続けても答えは見つかりませんでしたが、自分の考える「仕事」を「カタチ」にしたいという思いは強くなる一方でした。最終的に、仲間とともに目標に向かう中でしか得られない喜びがきっとあると思い、起業を決断しました。

「誰もが自分らしく輝けること」を大切に

創業から約五年が経って、私一人でスタートした会社に、今では約二〇名(正社員・

パート・業務委託）が関わってくれています。自分たちなりの成長は感じますが、正直、際立った技術力があるわけでもないし、若くて小さい会社なのでノウハウもそれほどありません。

一方で、社員をはじめ関わってくれる人たちから「仕事に対する考え方に共感できる」と言ってもらえるようになりました。

当社が最も大切にしているのは「一人ひとりが自分らしく輝けること」です。会社という組織に属する以上、成果をあげるのは大切ですが、個々の人生に焦点を当てたとき、組織の枠に収めようとするのは適策ではないと考えます。むしろ、団体戦ではあるもののベースは個人＞会社であり、一人ひとりが会社に依存せずに主体的にチャレンジできること。さらにそのうえで、お客様に喜んでもらったり、目標を達成できたりすることで次につながる充実感が生まれるのだと思っています。

社員の主体性を尊重するうえで大事なのが、個々が裁量権を持つことです。言い換えれば、「責任」を持つということ。業務上の決定権はもちろん、働く日や時間を決めるのも本人に委ねることができたら理想です。長い人生、結婚や介護、ときには病気など、それまでの生活が一変するような出来事もあります。そんなとき、働き方に制限がなければ、自分の目標をあきらめずに挑戦し続けることができます。もっと言うと、挑戦する中で力が付けば、社内で事業をつくったり、独立したり、自ら道を切りひらくこともできますから。

従業員発の事業も広がりを見せる

私自身は元々「仕事＝成果が大事」だと考えていました。今もそう考えるところは大きくて、すぐに結果が出ないものは面倒くさがってしまう部分があります。ですが同時に、成果にたどりつくまでの過程に多くの価値があることも実感していて、それを私は社員をはじめとした皆さんとの関わりの中で学びました。

例をあげると、パートさんの発案でInstagramで情報発信しています。投稿内容はライフスタイルやマインドセットのヒントになるようなもので、企画から運用まですべて本人に任せています。SNS発信は効果が出るまでに地道な努力が必要ですから、以前の私だったら絶対に「やろう」とは言えなかったでしょう。

投稿内容をきっかけに取材の依頼がきたり、SNS運用代行の依頼がきたりと広がりが出てきました。やっぱり可能性って、人との関わりの中で大きくなっていくのですね。

SNS発信もそうですが、当社では仲間に自分発信の仕事をつくってもらうことを重視しています。チャレンジのない日々の繰り返しはその人の成長を止めてしまうし、売り上げを上げるだけだと、いつか仕事が面白くなくなるのではないでしょうか。個人的にも大なり小なりの刺激があったほうが毎日が楽しくなる気がします。

とはいえ新しいことを始めると、経験や知識も足りないので、当然うまくいかないことのほうが多いと思います。けれど、自分の意志で挑戦するからこそ、失敗しても学びがある。売り上げが上がらないからという理由で辞めるのは簡単です。しかし、成果を出すために懸命に考えて行動する時間が人を成長させ、それが企業にとっても社員にとっても今後のためになると考えています。

この会社での経験を糧に、個々が自分の人生を切りひらく。それはときに、起業などでこの会社を離れるということになるでしょう。それが私たちの願いのひとつですし、応援します。この会社のメンバーではなくなっても、利害関係なく信頼し合える「友」のような存在であり続けられたらと思います。

「応援される人」になるには

私は今でも人間関係が得意ではありません。けれど自分の人生を通して間違いなく言えるのは、応援してくれる人がいると人生が豊かになるということです。片眼が見えなくなったとき、妻に背中を押されなければ、人生を諦めていたかもしれません。家族や仲間がいたからつらいときに踏ん張ってこられたし、落ち込みそうになっても「俺が前を向いていないと！」と思えました。

誰かに応援されることって大きな原動力になる。「自分には応援してくれる人なんていない」という人がいるかもしれないけれど、周りをよく見てみると一人、二人と応援してくれている人はいるんじゃないかと思います。

病気をしたことや、人間関係が苦手でも会社を続けてこられた経験から、私には応援してもらった実感があります。だからこそ、応援してもらったことに等しい、あるいはそれ以上の気持ちを持って誰かを応援することの大切さに思い至ります。

そう考えると、人生をより豊かにするには自分自身が周りを応援する、あるいは人の力になりたいという思いを持って行動に移す。「自分がいかに応援できる人になれるか」が大切なのかもしれません。

個々がそういった姿勢でいることで、会社として誰かの成功をみんなで助け合い、喜び合えたら。究極的には、仲間の人生を明るく照らすような会社になれると信じています。

これからのことを考えると、「もっと楽しくなるんだろうな」という変な自信がります。ここで働いた人の人生がもっともっと豊かになる。SCREENがそんな会社になって、たくさんの笑顔を育てることが、私が仕事をする意味です。

06 ここで生活基盤をつくり 好きなことをしてほしい 過去の経験から社員の人生を尊重

株式会社創和

代表取締役　福士　壽和

■〒247-0013　神奈川県横浜市栄区上郷町720-15
Tel 045-895-0773
■https://www.so-u-wa.net/

一五歳で建築業界へ

当社は、マンションやビルといった大規模修繕工事を基盤事業として、一般住宅向けの外壁塗装からリフォーム・住宅設備まで幅広い工事を手掛けています。

私が建築業界に入ったのは一五歳のときでした。九歳上の兄が塗装屋で働いていた影響が大きいのですが、母子家庭だったこともあって、自分でお金を稼ごうという意識が強かったと思います。

働き始めてからは、鳶《とび》をはじめとしてさまざまな職種を経験しましたし、塗装業ひとつとっても、新築マンションや改修マンション、船など多様な仕事に携わりました。最終的に塗装業で独立することを選んだのは、職人としての塗装屋さんに憧れたからです。今とは時代背景が違いますが、私の目にはペンキで汚れた塗装屋さんがとてもカッコよく映りました。

二二歳で創業したときは、それまでに仕事で関係した先がお客様としてついてくださって、二十代後半になると社員は一〇名ほどになっていました。

私は性格的に物事がうまくいっているときほど不安になりますし、スムーズに進むよりはトラブルがあったほうがいいというタイプです。とはいえ、これまでを振り返ると、事業を成長させるのは簡単ではありませんでした。中でも、一〇名いた社員がゼロになり、私一人で再スタートを切ったことは、衝撃的で挫折した出来事であったと同時に、大きな転機となりました。

社員がゼロになり学んだこと

二九歳のときでした。一〇名の社員のうち五名が同時に退職すると伝えてきました。こんな簡単に辞めるものなんだと唖然として、未熟だった私は、面倒をみてやっていたのにとも思いました。しかし、自らのふるまいを省みているうちに、まさにその思いこそが社員を窮屈にさせていたことに気が付きました。

当時の私は社員のために「してやっている」という意識が強くて、自分が気になることはぽんぽん口にしていました。けれどそれは、助言というつもりの単なる押しつけに過ぎません。社員はそれぞれに重ねてきた経験があり、たとえ本人が口に出していなくても、「こうしてみたい」という意思を持っています。一方的な「してやっている」は、相手の「こうしてみたい」を妨げ、縛り付けていたことに考えが及びました。

その後、残ってくれた社員の独立を支援し、私は塗装職人ではなく施工管理者として一人でリスタートしました。幸い企業として前の会社以上に成長を続けることができて、現在の創和に至ります。トップがああだこうだ言っているうちは、会社として大きくなり切ることができないのかもしれませんね。

過去の学びから現在は、出勤時間と退勤時間以外は基本的に社員に判断を任せています。何か指示があるときも、私の右腕、左腕を務めてくれている現場に近い社員に伝え、二人から伝達してもらうことにしています。そのほうが現場も伸び伸びやれるでしょうし、そこから生じる職場の良い雰囲気は結果的にお客様に伝わります。

極端な話ですが、例えば雨で予定していた仕事ができないのであれば休みにしていいのです。会社の隣にあるシミュレーションゴルフで腕を磨いてもいいし、やるときにやってくれればいい。そのくらい主体性を尊重したほうが、一人ひとりに責任が芽生えて、現場がうまく回ります。現に今の社員は自分の頭で考えて行動することが身についていて、自走できる人材ばかりです。

「他社よりも高く」が給与の設定基準

社員の平均年齢は二十代後半です。建築業界全体を見ると平均年齢は四十代、人材不足が顕著なので、当社の年齢構成はかなり珍しいのではないでしょうか。

この要因のひとつは働く環境にあると考えています。当社の給与支給のルールは、利益をできるだけ社員に還元すること、それから業界内でトップクラスの額を支給することです。

私は立場上、建築業界の若手から年配者まで、さまざまな人と話をする機会がありますが、それを参考にして、どこよりも高い額を設定しているつもりです。過去に、ハイクラス転職の人材紹介サービスが当社の社員に引き抜きの電話をかけてきたことがあるそうですが、給与などの内情を知って向こうから辞退したと聞き、自社の環境のよさを再認識したこともあります。

利益を還元することには理由があって、私は個人的に売上をさらに上げたいとは考えていないからです。社員にとって大きな負担にならないラインで最大の成果をあげて、最低限の利益だけ会社に残したらあとは社員に還元する。そのスタンスは私にとって案外心地いいものです。

また、社員目線で各々の人生を考えたとき、本業とは別にやりたいこともあるのではないかと思います。ですから、創和で金銭面の生活ベースをつくってもらい、やりたいことがこの仕事ならこれで、別のことならそっちも実現してもらえればと考えています。

ドライに聞こえるかもしれませんが、会社を辞めたくなったら辞めればいい。どんな道を選んでも、創和がサポートできることがあればサポートします。

人生一度きり。

幼い頃に持っていた好奇心を思い出し、やってみたいことには挑戦してほしいのです。

仕事上では、一人ひとりの社員がお客様と良い関係を築こうとすることが大事だと私は思っています。「会社とお客様」ではなく「いち社員とお客様」という感覚です。良いことも悪いことも本人に返ってきて、きっとそのすべてが人生の糧になります。自分の周りを見ても、やりたいことをとりあえずやってみて一度失敗した人のほうが、後々大きな成果を出している気がします。もちろん、仕事で失敗したときに頭を下げるのは私の役割です。咎めることはないので、自由にチャレンジしてほしいです。

業界初の住宅設備無料交換サービス

当社は外壁塗装や住宅内外リフォームも手掛けていて、二〇二一年、その付随サービスとして、業界初の住宅設備の無料交換サービス「ペイントプラス」を始めました。お客様から「外壁塗装工事と住宅設備交換を同時にできたらいいな」といった声を頂くことが多かったので、だったらカタチにしてみようと始動しました。

ペイントプラスは、外壁塗装の契約金額に応じて給湯器やエアコン、トイレといった住宅設備を自由に選んでいただき、当社が設置工事まで実施するサービスです。追加料金はなく、延長保証もお付けしています。

多くの住宅設備は使い始めから一〇年前後で故障しやすくなるのですが、これは、一戸建ての外壁塗装の塗り替えスパンと大体同じです。「無料って裏があるんじゃないの？」と思う方もいらっしゃるかもしれませんが、設備工事を外壁塗装工事と併せて行うので、取り付けの手間を最小限にでき、値引きくらいの感覚で設置が可能になります。家電量販店が工事後にポイントを還元する仕組みに似ていて、企業側にとってもそんなにハードルが高くないサービスです。

けれど無料交換だということで、逆に疑いから入る方が多いようで、サービス開始から約三年が経ちますが、あまり広がっているとは言えません。コツコツと広がっていけばいいとの思いもあるので、まずは依頼してくださったお客様を大切にして、少しずつでもペイントプラスの存在が知られていくようにと願っています。

創和は「みんなの会社」になった

当社の事業が安定してきたのはここ三、四年のことで、数年前まで元請けだった会社と今では同じ立場で仕事ができるくらいになりました。しばらくの間は、地に足を着けて会社としての基盤をより強固なものにしたいと思っています。その取り組みの主軸として、賃金や福利厚生といった形で、社員により多くのものを還元できるようにしたいです。

そして私はこの会社の代表を早期に退くつもりです。

事業が成長して、仲間が集まり、気が付けば創和は、創業者である私一人の会社ではなくて、みんなの会社になりました。私が望めば、会長のようなポジションで長く会社に居座ることもできるでしょう。けれど、それは社員のためにならないし、役職に乗っかっているようで個人的に好きではありません。キパッと退いて次代に任せるのが良いと思っています。

とはいえ私にとって経営は生活そのものになっているので、仕事から離れることは考えていません。これから先一〇年以内にアパレルや不動産事業やサウナ事業を始めたいという希望的な展開を考えてもいます。

まだ三九歳なりの考えなのでこの先変化があるかもしれません。

それでも現段階では、引退するまでに複数の会社をつくり、好きな経営にいつまでも挑戦をし続けながら、社員にたくさんの未来についてアドバイスができるような、そんな人間でありたいと思っています。

07 入社後すぐに予期せぬ代表就任 保険業界の概念を変えるべく 「営業禁止」のスタイルで

株式会社シー・アイ・エス

代表取締役　陣内 涼

■〒880-0053　宮崎市神宮1丁目237番地

Tel 0985-27-4376

■https://www.cis-inc.co.jp/

サラリーマン時代の経験が出発点

私たちは、宮崎県宮崎市に本社を置く保険代理店です。個人から法人まで幅広いお客様を対象に、最適な商品をご提案しています。

保険会社に対して、「営業がしつこい」「なんだかよく分からない」といったマイナスイメージをお持ちの方は多いのではないでしょうか。当社は「保険の概念を変えていく」を経営ビジョンとして掲げ、そんな業界イメージを変える挑戦をしています。

目指す姿は、「保険のコンシェルジュ」です。お客様に選ばれる努力をすることに最大限の力を注ぎ、「営業禁止」を原則として、説明が必要な場合も自分たち都合での説得は一切いたしません。

私は前職で、サラリーマンとして保険会社に勤務していました。そして当時、営業マンの説明不足で、お客様がよく分からないまま保険に加入してしまい、お金を払い続ける光景を幾度となく目にしてきました。そのたびに悶々としたものを感じたのですが、実際のところ、この業界は昔ながらの義理・人情・プレゼントで成立している側面があります。

そういった場合、本来あるべき保険を通した信頼関係が希薄になってしまいます。プロであれば、「昔からこうだから」「業界の風潮がこうだから」ではなく、保険の価値をきっちり説明したうえで商品を提供するべきだと思うのです。

今もどこかで、保険を通じてネガティブな思いをしている方がいらっしゃるかもしれません。そんなとき「シー・アイ・エスなら違うかも」と頼っていただける。保険に関して、お客様が何かを我慢しなくていい世界を、私たちは目指しています。

ギバーであれ

日本中すべての人を幸せにしたい、というのが私たちの気持ちです。しかし現実的に、それは難しい。であれば、あえてニッチな領域に特化していくことが、本当に満足度の高いサービスを提供できることにつながると考えています。

当社はさまざまな業界の協同組合と団体契約を結び、組合の内側に入りながら、その加盟法人様に福利厚生のような形でサービスを展開しています。この展開によって、「木材協同組合の保険といえばシー・アイ・エス」というように、特定の業界内で自然発生的に口コミが広がっていきます。また、こうして領域を特化させると、その業界の市場状況についての情報が入ってくるので、各社の経営リスクについても温度感を持って把握することができます。

保険業界は「営業を頑張らないと」という姿勢が生じがちで、多くの時間や労力をそこに費やします。当社では領域特化の取り組みによって、営業に気を回す必要がなくなりました。社員は頼ってくださるお客様と向き合って「本当にいいサービス」を探すことに集中できるのです。

協同組合と提携する保険会社自体は他にもありますが、それを会社のブランドにできているケースは珍しいと思います。

では、どんな要因がそれを可能にしているのか。私は「ギバーであれ」というスタンスだと考えます。

例えば、私たちは組合に手数料をお支払いしているので、金額面だけ見ると通常の募集より損をしているように見えるでしょう。しかし、たとえ一時的に損をしたとしても、自分たちの利益ではなくて相手の利益を考える。自分たちがしたことはいずれ返ってきますから、まずはギバーになる。そうすることで、信頼で結ばれた長期的な関係性を築くことができると思うのです。

台風が多い宮崎県だからこその取り組み

当社が保険代理店の枠組みを超えるために導入している仕組みを二つご紹介します。

一つ目は「保険ＩＱシステム」の活用です。お客様の希望や状況を入力するだけで、おすすめの保険商品が五秒ほどで表示されるツールで、これにより、会社側が売りたい商品ではなく、第三者的な視点で最適な商品を提案することができます。膨大な保険商品を人の頭ですべて記憶するのは不可能ですから、スタッフにとっても心強い味方です。

二つ目としては、保険金支払鑑定人を自社においていること。通常、災害が起きると外部の鑑定人に依頼のうえ現場確認をしてもらって、レポートが二週間から一か月で作成され、保険会社よりお客様に保険金が支払われます。しかし、当社の場合はレポート作成までが二日で完了するので、お客様への支払いスピードが格段に速くなります。

宮崎県は台風の多い県です。広域災害が起きると鑑定人の取り合いになり、レポート完成までに通常の倍の時間を要してしまうことも珍しくありません。迅速に保険金を支給することで、お客様の生活を少しでも支えられたらと思います。

突然の代表就任も周囲に支えられ前進

シー・アイ・エスは、私の父が母とともに一九八七年に創立した会社です。

父はスーパー営業マンで、いつも忙しくしていました。働く姿を直接見たことはほとんどありませんが、保険の仕事は常に私の身近にありました。自然に知識がつくような環境でしたし、どこかで意識していたのでしょう。大学卒業後、私は保険会社に就職する道を選びました。このときは、将来的に家業に入ることは考えていなくて、働き始めてからも目の前のことに没頭していました。

入社五年目に入った、ある夕方のことでした。携帯電話を確認すると、母から何度も連絡が入っていました。当時の私は日中電話が鳴りやまないほど仕事に追われて気付きもしなかったのですが、実家では父が心筋梗塞で倒れ、緊急手術を受けていたのです。

父が一命をとりとめてからそのことを知った私は、「家族の一大事に自分は……。このままでいいのだろうか」と考えました。そして自問自答の末、勤めている会社を辞めて、シー・アイ・エスに入社することを決めました。

しかし、私が家業に入った直後の二〇一七年四月末、今度は父に末期がんが見つかりました。一年ほどで父は他界。私が代表を継ぐ流れになりました。

当然、経営について右も左も分かりません。さらに、当時は売上に対して倍の借金がありました。設備投資のいらないこの業界でそれだけの借金があるということは、倒産寸前レベルの財務状況であるということ。腹をくくって前に進み続けるしかありませんでした。社員からすれば、事情はあれど、新顔である先代の息子がいきなり代表に就任したのですから、違和感を持たれるのは当たり前で、転職という選択肢もあったと思います。けれど、当時の社員はみんな会社のことが好きで、「自分たちでなんとかしていこう」と頑張って支えてくれました。父が会社と社員を本当に大切にしてきてくれたおかげです。

そのときの七名は今も会社に在籍していて、中枢を担ってくれています。社員定着率も保険業界の中では高く、一〇年以上勤務しているメンバーも少なくありません。

「人」に悩んだ数年間

代表に就任後しばらくして、「保険業界の概念を変える」というビジョンを掲げました。今でこそ社員一人ひとりに根付いていますが、最初は受け入れられませんでした。

ビジョンが根付いていないということは、組織に羅針盤がないようなものです。社内のまとまりはなく、ほんの数年前を振り返っても、朝礼で社員同士が喧嘩を始めるような状態でした。小さな会社なのに派閥があったりして、社内の雰囲気は最悪に近く、その頃は「人」についてかなり悩みました。

自分のことを振り返ると、当初は、世間的に評価されるような「良い会社」でありたい、社員から嫌われたくないという意識が強かったと思います。けれどそれは私ではなく、社員が決めること。取り繕っても人の好き嫌いは変わらないのだから、むしろ素を出していったほうが会社に合う社員が増えると思い直して、振る舞い方を少しずつ自然体にしていきました。

また、社員に呼び掛け、「自分たちがどんなサービスを提供しているのか」について時間をかけて深掘りしました。結果的に、お客様から信頼されるために仕事をしているという共通認識にたどり着き、それをもとに会社のバリューを明文化したのです。

取り組みも功を奏して、五年が経過した頃からビジョンの意味が既存社員に浸透し、同時に、採用における判断基準も明確になりました。そのようにして少しずつ、これがシー・アイ・エスという企業文化が醸成されてきたように思います。

個々の輝きが組織を強くする

私は個が輝くほど組織はまとまると考えています。勝手ながらこれを「嵐理論」と名付けました。アイドルグループの嵐って、個々を見ても能力を生かして異なる領域で活躍しているのに、五人が揃うとより強力な力を発揮します。良いところを認め合う文化さえあれば、価値観が異なる人が集まっても組織としてうまくいくはずなのです。

当社の代表的な取り組みとして、マーケティング、トレーニング、ポジティブといった八種類の役割を全員に付与したうえで、組織図に反映させています。その人の「強み」をオープンにすれば、「この分野は〇〇さんが頑張って」「この分野は私が強みを発揮するね」というように、自分の能力を生かしやすくなると考えました。一人ひとりに自信がついて、新たなチャレンジに向かっていける、という好循環も生まれるでしょう。

実際に良い影響が見られていて、一人の社員を例に挙げると、四年前まで年間保険料収入二〇〇〇〜三〇〇〇万円を担当していた社員が、今では一億二〇〇〇万円を担当しており、お客様からもさらに信頼を得ています。会社全体で見ても、生産性は一・五倍ほどのアップです。

私は社員に対して自由でいてほしいし、何より楽しんでほしいと思っています。それは、私の一方的な片思いでいいのです。人を楽しませるのが、私が一番喜びを感じることだと、自分についてそう認識していますから。

私の経験から言えることですが、大抵のことは必死になればなんとかなるし、自分の外に何かを求めても何も変わらない。であれば、馬鹿と言われるくらい人生を楽しむのがいい。これからも私は、保険の概念を変えるべく、あらゆる状況を楽しみながら努力していきます。

08 「高齢者施設に『あったかい』お食事を」利用者も職員も笑顔にする食材販売会社

Ｃｏ株式会社

代表取締役 **石井 則好**

■ 〒073-0167 北海道砂川市西七条北15丁目29-7

Tel 0125-51-4355（滝川工場）

■ https://genkitchen.net/

五〇食分を一人で用意できる新システム

私たちは北海道を拠点に、高齢者施設向け調理済み真空パックの食材販売をしています。弊社の特徴は、真空パック食材と冷蔵機能のついた再加熱調理機を組み合わせた新システム「快傑！モリッケ」。これによって少数の職員で作り立てのような温かい食事を提供することができます。

高齢者施設の人手不足は世に知られているところですが、利用者アンケートによると食事は楽しみの一つで、最も重視されているのは温かさです。例えば、五〇人に提供する食事を施設内で調理しようとすれば、早朝から五人前後の人手が必要になり、しかも盛り付けに時間がかかるため食べるときには冷めてしまいます。

弊社の再加熱器、リヒートウォーマーキャビネットは、真空パックの食材を盛り付けて冷蔵機能のついているキャビネット内で保存、あとは喫食時間に合わせて自動で温まります。スチームによる加熱なので食材がかたくならず、作り立てのような食事を提供することができます。そして五〇食分を準備するのに必要な職員は一人です。

また、庫内に温度センサーがついていてデータが残るため、必要に応じて記録を取り出せるようになっています。高温加熱後の配膳なので衛生的にもすぐれていますが、万が一、食中毒などが起こったときも、この記録によって検証することができます。

これまでの高齢者施設の食に関する問題を改善し、しかも衛生面にも優れている。それが「快傑！モリッケ」システムなのです。

妻のひと言から始まった仕事との出合い

私は昔から機械いじりが好きで、バイクにのめり込んだ専門学校生活を経て、大手自動車メーカーの整備士として一二年働いていました。その後、会社の決定で営業部門に移りましたが、お客様に「車の調子が悪くて」と相談されると、無償で車を見たり、修理をしていました。それを店側が知るところとなり、私は「お客様との信頼関係は車の販売につながる」と説明したのですが、小さな修理も工場へという店側と主張はかみ合いませんでした。次第に軋轢が深まってしまい、転職を念頭に自分が何をやりたいのか探していたとき、妻が助言をくれました。

「車が壊れて困っていたら直してあげて……、困ってることを解決するような仕事がしたいんだったら、人を助ける仕事やってみない？」と。

それで、おじいちゃんおばあちゃんが食事に困っているみたいだという話になり、フランチャイズをさがして東京で開催された説明会に参加しました。試食をしているうちに食材を冷蔵真空パックにして送っている業者さんに出会い、それが美味しくて、妻と顔を見合わせました。「これだと、おじいちゃんおばあちゃんも喜んでくれるよね」。その瞬間、私はこの仕事のスタートラインに立っていました。

苦難続きの日々が実を結んだきっかけは「人助け」

フランチャイズに加盟して、最初は弁当の配食サービスを始めました。本部から、北海道だと送料が高いので自分たちで作ってはどうかと勧められ、レシピをもらって急遽作ることにしましたが、何もかも手探りで、あるのは不安ばかりでした。

肝心の顧客は営業から始めるしかありません。旭川で一軒一軒DMを配ったり、夜のうちにポスティングした施設に翌日、訪問営業をしたりしました。まったく相手にされず、訪問理由を告げた途端に断られることも珍しくありませんでした。それでも営業できたのは、整備士をしていた頃、上司命令で接客の大会に出たことがあったからです。当時の私は人と話すのが大の苦手で、喋る訓練だと上司に背中を押されたのですが、練習を重ねて道大会で優勝することができました。あの訓練がなければ、喋るのが怖くて弁当の営業は諦めていたかもしれません。

けれど、毎日、毎日必死に営業を続けても顧客は増えませんでした。弁当が二〇食というような状態が続き、あまりに状況が変わらないので、あるとき頭を切り替えて、今いる人たちを大切にしようと小さな手助けを始めました。配達のついでにおじいちゃんおばあちゃんの家の電球を替えたり、カーテンを開けたり、本当に些細なお手伝いです。喜んでもらえるのが嬉しくて続けていたら、口コミで弁当販売が広がっていきました。増やそうと思ってやったわけではなく、やったことが増えることに繋がっていったという印象です。

ときには、お弁当を配達したとき、テーブルに用意してあるお薬を飲んでもらうという見守りに加わったり。あるときは重病の患者さんのご様子を確認する一端を担わせていただいたりしながら配達を続けました。

行政配食から施設給食へ

加盟した当初のフランチャイズ本部からは助力はほとんどありませんでした。担当者も途中でいなくなってしまい、半ば放ったらかしのような状態です。私のほうで勝手に営業して、勝手に弁当の注文をとり、勝手に行政と契約するという日々でしたが、後にフランチャイズのトップが代わり、相談もできるようになりました。

弁当の配食サービスは多いときで一日に四〇〇食ほど配達していて、そうなると私が関わることのできない利用者さんが増えてきます。また、配食サービスは利用者さんが増えれば増えるほど配達に人手や車が必要になり、家族とパートさんが数人という小規模会社の運営は経済的に厳しいという側面があります。弊社もそうでした。

それでフランチャイズ本部から、配食サービスの個人宅分を大きな会社にまかせて、弊社は施設給食専門に業態を変更してはどうかと提案がありました。それだと少ない配送で多くの食事を届けることができ多くの方を笑顔にできます。しかし、そう簡単に切り替えられるものではありません。施設給食で自分たちに何ができるかなど社内で話し合い、それから、信頼して弁当配食を任せられる大きな会社に後を担ってもらいました。

こうして令和二年、弊社は施設給食専門へと舵を切りました。

湯せんから始まり「快傑！モリッケ」システムの導入へ

現行のシステム「快傑！モリッケ」に至るまでには試行錯誤がありました。

施設給食を始めた頃は、真空パック食材をお湯で温める方法をとっていましたが、これだと盛り付ける間に食事が冷めてしまいます。次は温風式再加熱器でした。この場合、温かい食事を提供できるのですが、冷たいままの物も全部一緒にセットする方式で専用の食器が必要なのと、温風式で乾燥しやすく、また導入するにもお金がかかり、加熱器から取り出すのも不便でした。

その後、温かくする食材だけスチーム加熱する現在のリヒートウォーマーが開発され、

「快傑！モリッケ」のシステムが構築されました。施設では、弊社がお届けした調理済みの真空パック食材を「器に盛り付ける」「器ごとリヒートウォーマーに入れてスタートボタンを押す」「出来上がった料理を配膳する」という三ステップで食卓に上げることができます。

真空パック食材については、野菜は地元のものを中心に、全体的に北海道らしいものを取り入れるようにしています。弊社にも管理栄養士がいますが、献立の内容は栄養のバランスが難しいので北海道文教大学の准教授に監修してもらい、美味しくて、より健康的な食事になることを目指しています。

さらに、食は生きる糧という観点から災害時の対応も進めています。二〇一八年の日本初のブラックアウトでは電気もガスも使えず、道路もまともに進むことができない施設がある中、様々な協力と工夫で食事を提供できましたが、自然災害はいつ起こるかわかりません。弊社は全国のパートナー店と提携を結び、災害時、即時対応ができるように体制を整えています。

基本理念は「おじいちゃんおばあちゃんに笑顔になってもらうこと」

弊社の工場は現在、宮城県仙台市にもあり、そこで六〇〇食ほど製造しています。県内七施設プラス秋田の一施設に送っていて、二名の正社員と二名のパートさんの四名が働いています。

現在、送料を施設に負担していただいていますが、弊社で運搬できれば送料は不要です。今後は北海道全域のカバーを目標に、自社運搬が可能な地域に工場を増やす計画で、東北地方では秋田県、岩手県と並んで山形県への工場設置も検討しています。

加えて、地元の北海道では過疎地の人手不足が深刻で、弁当のまま配達して、すぐに再加熱できるようなシステムがほしいというご相談があり、少しでもお力になれたらと開発に努めているところです。弊社は、おじいちゃんおばあちゃんはもちろん、施設職員の皆様のプラスになるような活動をしていきたいと常に考えています。もしお困りなことがあれば、まずはご連絡していただきたいです。そして「一緒に解決しましょう」というスタイルでこれからもやっていきたいと思っています。

「おじいちゃんおばあちゃんたちに心にも身体にも『あったかい』お食事を届け、美味しいと笑顔になってもらうこと」、それが現在も変わらない弊社の基本理念です。

09 独自の仕組みで若手の成長を後押しする「社員が主役」の建築設備会社

株式会社Limit-less

代表取締役社長　中川　信太郎

■ 〒160-0022　東京都新宿区新宿2-18-5 第2成光ビル5F

Tel 03-6555-4997

■ https://limit-less.co.jp/

ほとんどの仕事を自社で完結させる

当社は建物に附帯する空調や配管、照明や電気などの設備設計を基盤事業としています。設立二年目ですが社員は二十代、三十代前半が多く、現在は二〇名ほどの社員とともに会社を運営しています。

設備設計の仕事は一般的に経験を積んだベテランが統括して、「照明や電気は誰さんが、空調や配管は誰々さんが担当してください」と分業化し、分業化された仕事をさらに他社へ外注するという細分業化が浸透しています。

当社は仕事のほとんどを自社内でこなしていて、空調や配管類を担当する機械チームと、照明や電気関係の設計をする電気チームに大きく分かれています。片方のチームリーダーを五十代の社員が、もう一方を私が担当していますが、基本的に役職はありません。社員は横一線のフラットな関係であり、仕事になると自然な序列はできますが、お互いに伝えたいことを伝え合い、相互に助け合うのが社風です。

外注は業界の中では一般的でメリットもたくさんあります。だからこそまずは、ひとつの案件を最初から最後まで自分自身が経験しながら、必要な時間やペース配分などをつかむ。そして一通りのことが分かったうえで、外注といった違う手立てを考えてくれるようになってほしいと思っています。

独立を決意して一か月後に会社設立

私は小学生のときから大学まで、ずっと野球をしていました。大学卒業後に船舶の修理やメンテナンスをする会社に就職したのですが、二年ほど経ったとき父が体調を崩し、それをきっかけに退社しました。

父は元々、建築の構造計算・設計を専門とする会社からスタートし、その後は様々な事業を展開、グループ会社を合わせると最終的に従業員数は二万人ほどいたのではないかと思います。私が転職した頃はその事業を辞め、今私がやっているような建築設備部門のセクションに重きを置く会社を新たにスタートしてしばらくした時期でした。

野球ばかりだった私が建築に興味を持ったのは、やはり父の影響でした。父は周囲から破天荒と評されることもありましたが、会社では若い社員を大切にしていて、私に限らず子どもにはとても優しい人でした。

私にとってはあくまでも普通の父親で、「この機会に一緒に働いてみたい」。そう思って前職を辞めました。お互いのやりづらさを解消する意味もあって私は父の関連会社に入り、設備設計の仕事に携わるようになりました。

仕事は楽しかったし、好きでしたが約五年勤務した頃に父が他界しました。これをきっかけに所属していた関連会社で取締役となり、内側から会社の運営方針を改善しようとしたものの経営サイドとの距離は開くばかりでした。準備はほとんどしていなかったのですが、父もすでに他界していましたし、「自分が理想とする会社をつくろう。一度しかない人生なんだから、思い切って独立しよう」と会社設立に至りました。独立を決めてから辞めるまでひと月くらいです。

会社への思いは今も設立時と変わりません。社員が主役の、社員に還元する会社でありたいと思っています。

教育方針は「キャリアが浅くても現場に出てもらうこと」

設立したときの社員は私の昔からの友人が中心で、社員の紹介でその知り合いが入社したり、関係先の会社から転職してきたりと入社方法も広がりました。設備設計の基本のキから教えるので未経験者も歓迎しています。

仕事に慣れるまではハードルを少し下げて、キャリアが浅くてもなるべく現場に関わってもらうのが当社の方針です。社員の平均年齢は三〇代前半で、業界内だとかなり若いほうですが、経験を積んで仕事を一通り把握したら一人でお客様対応を始めます。顔を合わせたときに若くて驚かれることはあるものの、やり直しや手戻りはほとんどありません。

社内には常に仕事をフォローする関係が構築されているので、少しでも疑問があれば周囲に相談できますし、お客様の声にきちんと耳を傾けているのだと思います。日頃から、お客様へのスピード感ある対応を心がけ、メールに気が付いたらすぐに返信をするなど、まずは当たり前で小さなことの積み重ねが信頼につながっているようです。

仕事をしていると、一人で悩んだりすることが案外多いのではないでしょうか。当社は普段から思いや考えを口に出しやすい環境で、私自身、社員が一人で何かを抱え込むことがないように平素から気を配るようにしています。

毎朝私は、「今日はどんな気持ちで出勤してくるのだろう」と社員の気持ちを想像します。「仕事に行きたい」とみんなが思ってくれたら理想ですが、やはり職場に着くまでは「面倒だな」「行きたくないな」といった気持ちも出てくるでしょう。だからせめて、いざ職場に来たら「やっぱり居心地がいいな」と思えるような会社でありたいですね。

社内イベントは平日の日中に実施

会社の利益を社員に還元する手段として福利厚生を充実させることが考えられますが、勤務時間外でイベントを増やすと、その分、社員のプライベートな時間を削ってしまうことになります。

当社は社内イベントを平日の日中に行います。早めにアナウンスしておいて各自の仕事を調整してもらい、就業時間内に行うイメージです。これからも、できるだけ社員の負担にならないことを前提にして、楽しい時間を増やしたいと思います。

当社にはいろんなタイプの社員がいるので後から入社してきた社員もとけ込みやすいように感じますが、これまで人や会社のつながりで社員が増えてきたので、白紙の状態で新しい人を採用したことがありません。

その点を補う意味でインスタグラムでは社内の様子を紹介しています。もちろんお客様に見ていただいても嬉しいのですが、ベースにあるのはリクルートで、若い方に「楽しそうだな」と思ってもらえるような当社の日常を公開しています。SNS投稿の社員は固定していて、事務の仕事をしながらホームページ運営も担当してくれています。

設備設計というワードで検索することはなかなかないと思うのですが、もし検索する方がいたら、当社のインスタグラムやホームページを見て「こんな会社もあるんだ」と感じてくださると嬉しいです。

原価を管理する独自システムで個々の目標を設定

当社には案件単位の原価を管理するために導入している独自システムがあります。

例えば二〇〇〇万円の案件があるとして、このシステムを使えば、実際は完成まで時間がかかり人工《にんく》で換算すると一五〇万円もの支出になることが分かる、という仕組みです。

毎日業務終了時に、何の案件に何時間稼働したかをシステムに入れ込むと人工が反映され、そこにかかった経費を含めた原価が算出されます。これによって社員の能力がどれだけ上がってきたか数字に出ますし、案件についても客観的に判別できます。

数字を社員の給料や査定には結びつけませんが、当社ではこれを使い、一人一人に目標をつけています。目標に到達するかどうかは問題ではなく、本人の成長の度合いが可視化できるので、社員個々が実感を持ちやすくなります。

ベースになっているのは私の父が作ったシステムで、パソコンが高額だった一ドル三〇〇円ほどの時代（一九七五年前後）に数億円をかけたと聞いています。一般には普及しておらず、父が関係していた会社に残っているものと、当社だけが使っているシステムです。メンテナンスの専門会社に手を入れてもらいアップデートしながら利用しています。

また、仕事に関しては、省エネ法と呼ばれる「エネルギーの使用の合理化及び非化石エネルギーへの転換等に関する法律」への対応も重要なところです。建物を新しく建てるときは省エネ性能を法に適合したものにするという決まりで、性能基準を満たしているかどうかを計算で求めなければならなくなります。今後はさらに省エネの水準が厳しくなっていくという点が見えているので、これに対応して参入していきたいと考えています。

「利益率」で業界トップを目指す

将来的に考えられることのひとつは社員についてです。当社で経験を積んだ社員からいずれは独立、あるいは転職という道を選ぶ人も出てくるでしょう。

独立するくらいの力が付くということは、自分の人生を自走できるということにもつながりますから、私は背中を押します。仕事を出せればそうしますし、その会社と当社で相互に仕事をし合うような関係になれたら嬉しい限りです。転職にしても、同じ業界であれば仕事を共有できますし、違う業種でもその人が目的を遂行するという意思を持って転職して、例えばそこが飲食店なら私が通うことで応援します。

会社の数字的には、当社は内製でやっているので利益率を重視しています。経済系の月刊誌で設備設計事務所の利益率がランキング形式で掲載されるので、そこで一番になりたいというのが直近の目標です。

今後の展望としては、三年以内に社員を三〇人規模、五年以内に五〇人規模の会社にできたらと考えています。同時にその頃に、設備設計の会社で、日本のトップ5に入る売上を作れていたら理想です。もちろん最終的にはナンバーワンを目指したいですね。

10 有機溶剤の再生品の普及で企業の環境への取り組みに貢献する

Hayaoki株式会社

代表取締役　境田 憲啓

■〒359-1145　埼玉県所沢市山口2776-5

Tel 04-2937-5590

■https://www.hayaoki.co.jp/

寿司職人からＯＡ機器販売を経て、有機溶剤の業界に飛び込み、二〇年以上の経験を積んだ境田憲啓氏。二〇二一年に創業したHayaoki株式会社は、有機溶剤の「再生品」販売で環境保護と事業成長の両立を目指します。

「業界の便利屋さん」を自認し、顧客との信頼関係を重視する境田社長が、起業の経緯から経営哲学、そして将来の展望までを語ります。再生品の普及に情熱を注ぎ、ストイックに自らを律する一方で、柔軟で軽やかな経営姿勢が印象的な境田社長。経営者としての独自の視点を伺いました。

有機溶剤業界の便利屋さんとして誠実な対応を

この業界に入ったきっかけは本当にありきたりなことです。多忙で無茶な働き方を見直そうと、たまたま転職して入ったのが有機溶剤の会社だった。特にこの業界に入りたかったわけでも、夢があったわけでもなく、本当に偶然でした。

転職して一〇年くらいは目の前の仕事をこなすのに精一杯でした。しかし、この業界に入ったのはたまたまだったとはいえ、経験を重ねて視野が広くなってくると、「有機溶剤再生品の良さを広めたい」という思いが強くなってきました。

実は当時の社長から「いずれは後継者に」という話があったのです。でも、いざそろそろという話になった時に、自分の中で納得できない部分が出てきました。やりたいこともできない面もあったので、「それなら自分で会社を興した方がいいんじゃないか」と、創業を決意しました。

創業したての時は完全にゼロからのスタートだったので、昔ながらの飛び込み営業をベースに顧客を開拓していきました。小さい会社であることを利点に、単に販売するだけではなく、定期的に顔を出して直接ご要望を伺ったり、空缶を回収したりとプラスアルファの価値を提供することで受注が増えていきました。

営業では、人柄と第一印象を大事にしてやってきました。もちろん知識は必要ですが、最低限の知識さえあれば物は売れる。大事なのは、お客様になっていただいてからの対応です。分からないことがあれば持ち帰って調べて必ずお返事をするなど、長きにわたる誠実なフォローこそが大事だと思っています。おかげさまで、今では顧客数が二〇〇件以上と安定しています。

業界で一〇年以上の経験は、お客様との信頼関係に生きていました。会社を興す時に、多くのお客様が喜んで協力してくれると言ってくださった。今まで自分がやってきたことが間違いではなかったと、とても嬉しかったです。その信頼関係があったからこそ、新しい会社でもスムーズにスタートを切ることができたと思います。

高品質な有機溶剤再生品でお客様に貢献

関東圏を中心に、主に有機溶剤の卸売販売をしています。特に力を入れているのが、有機溶剤再生品の販売と認知拡大です。

有機溶剤と言われても、ピンと来ないですよね。有機溶剤は実に様々な産業で使われています。例えば、工場での機械部品の洗浄や、印刷業界でインクの希釈剤、塗料の溶剤やクリーニング業界での衣類のシミ抜き、染物や塗装などに使用されています。電子部品製造の際の洗浄剤としても重要で、半導体産業には欠かせません。また、製薬会社での医薬品製造過程や、化粧品会社での原料の抽出にも使われます。つまり、私たちの日常生活を支える多くの製品の製造過程で、有機溶剤が重要な役割を果たしているのです。

弊社は小さな会社なので、溶剤周りの「便利屋さん」のような立ち位置で、お客様のニーズに広くお応えしています。自社の配送便を所有しているため、配達はもちろん、廃液の回収やリサイクルなども一括して行えるのが強みです。

有機溶剤の再生品は、使用済みの有機溶剤を精製して再び使用可能な状態に戻したもの。不純物や汚れが混ざった使用済みの有機溶剤を蒸留し、不純物を分離してから精製することで、新品と同等の品質まで高めます。弊社のこだわりは、再生品でも新品と変わらない品質のものを提供すること。長く実績のある会社に蒸留工程を依頼し、高品質を約束してもらっています。

再生品がどの程度エコかというと、再生品製造時のCO_2排出量が、新品の約三分の一から二分の一になります。また、有機溶剤を再生することで、廃液の廃棄物処理量を大幅に減らすことができます。もちろん新品よりもコストは割安です。

お客様には「新品と同等のものを地球に優しく使える」という点を知ってほしいですね。実際にお客様からは「すごいものだね」「もう新品なんて使わなくてもいいね」といった反応もいただきます。ただデメリットもあり、再生品を使用した場合、機械などの故障に関して保証がきかない場合があるのです。その点で大手企業との取引との壁があるのが現状です。

有機溶剤は体にも環境にも良くないですが、正しく使えばとても有用なもの。使用される溶剤全てが再生品というのも、逆に効率バランスが悪くなるので、新品と再生品を併用して使っていくことを提案しています。CO_2削減や脱炭素といった社会的課題に目を向けている企業は多いですから、現実的なラインで環境と事業のバランスを取りながら使える高品質な再生品は、これからより注目されていくと思います。

「やってみよう」の姿勢で、経営者として成長

経営者になって、自分の中で大きく変わったことがたくさんありますが、まず「今まで自分はあまり考えることをしてこなかったな」というのが、正直な感想であり反省です。自分で考えて自分でやらないといけないので、常に考えるようになりました。

身だしなみや生活習慣も引き締めました。会社を始める前に約一五キロのダイエットをしましたし、暴飲暴食を控えるようになりました。お酒も好きなんですが、以前のように酔っ払うのは恥ずかしいので、量を控えるようになりました。社員の人生を背負っているのですから、私自身が模範となるような人間でいなければならないと、日々気を引き締めています。

そして、経営者として特に大切だと思うのは、すべてにおいて「やってみよう」という姿勢です。「無理です」「分かりません」は基本的に言いません。やってから考えます。明らかに無理なことは別ですが、お客様からの依頼も基本的には断らない方向で考えます。「二〇パーセントくらいならできます」「今の状況では難しいかもしれないけど、チャレンジさせてください」と説明し、コミュニケーションを取りながら、できる方向に持っていきます。できないことをいかにできるようにするか、工夫するのが楽しいんです。

社名の「Hayaoki」。

これは本当に、言葉遊びというか、思いつきというか、ぐらいの気持ちでつけました。風呂場で音楽ユニット「YOASOBI」の曲の鼻歌を歌っている時に、『YOASOBI（夜遊び）』の反対は『早起き』だなぁ」とふと考えたんです。早起きは当然朝にやることだし、世の中の社長さんは大抵みんな早起きだし、いい言葉だなと思って社名にしました（笑）。

正直な話、堅い印象の名前をつけたくなかったんですね。この業界だと「○○ケミカル」などと自分の名前を使うパターンが多いんですが、どうせやるなら多少遊び心があった方がいいし、お客様の印象に残ればいいかなと思いました。

再生品事業の課題と今後の展望

今、最も頭を悩ませているのが、廃液の供給不足です。再生品の引き合いはたくさんあるのですが、ご希望の品をどれでもどんどん出せるような状態ではない。これは大きな課題であり、同時にビジネスチャンスでもあると考えています。

ですから、再生できる有機溶剤の種類を増やす方向で考えています。有機溶剤には何千種類もあって、弊社もそのすべてを扱っているわけではありません。今は、これまで再生してこなかった有機溶剤にも目を向けています。ニーズがあり、かつうまく循環できそうな有機溶剤を探しているところです。

ただ、再生品の品質を保つことが最優先なのは変わりません。廃液の状態が悪すぎると、再生コストが高くなり過ぎ、新品よりも高くなってしまうこともあります。そのバランスを取りながら、新しい商材を開拓していく必要があります。

また、今の事業に限定してやっていきたい気持ちは、もともとあまりないので、他の分野に挑戦する可能性も考えています。「この会社を絶対に五〇年一〇〇年続けたい」といった感覚も、正直あまりないんですよね。むしろ最も大切にしたいのは、自分や従業員が楽しく成長していけることです。

将来的には、海外で生活しながら仕事をしたいと考えています。実際にフルリモートや二拠点生活をしている経営者も増えていますよね。今すぐでなくても、いつかそういった形で仕事ができるように、ここ一年くらいは意識して準備を進めています。

11 「施工管理の魅力を次世代に」創業時からの想いを継ぎつつ時流を見極め、模索し、力強く前進する

株式会社成和建設

代表取締役　川口 敏

■〒115-0044　東京都北区赤羽南1-20-10 GRANDIR101

Tel 03-5249-1511

■https://www.seiwa2020.tokyo/

イベント業から建設業に　五十代で心機一転

当社は建設業の中でも「施工管理」を専門として、関東圏の工事に携わっています。私が成和建設に入社したのは二〇一四年で、すでに五十代でした。そしてこのときを境に、私はそれまで考えたこともなかった建設業界に足を踏み入れました。

美術大学でデザインについて学んだ私は、その経験を幅広く生かしたいという思いから、新商品が短いサイクルで開発される点に魅力を感じて、洋菓子メーカーに就職しました。その後はイベント企画のディレクターとして、さまざまな会社で一年契約を結びながら働きました。今振り返ると当時は、「自分の腕一本で食っていくんだ」という働き方がカッコいいと思っていた気がします。お金が貯まったら一旦仕事を休んで、といったサイクルで生活する時期もあったので、人に勧められるような生き方ではありませんでした。

そんなとき、知人の助言がきっかけでイベント会社を興しました。私が三〇歳のときです。プライベートカンパニーに近いような小さな会社でしたが、数名の従業員と協力しながら全国のイベントの企画や運営を手掛けていました。

転機となったのは、今後の方向性を固めるために仕事をひと休みしていたときです。縁あって紹介されたのが成和建設でした。それまで仕事として建設に関わることはなかったものの、私は子どもの頃から建築物が好きで、家族で一緒に出掛けたときも「このビルは大きいな」「この家は変わった造りをしているな」と建物に目がいく少年でした。

この御縁に運命的なものを感じ、憧れの建築物を造る側に回ってみるのは魅力的と考え、全くの未経験で未知の世界に飛び込みました。

二年後の代表就任とともに「新しいものを取り入れること」を本格化

当社は平成元年に設立された会社で、私が入社したときの代表は二代目でした。後に創業当時から会社に携わっていた人たちから聞いたのですが、成和建設は、施工管理という仕事に自信と誇りを持っている仲間を集めたのが始まりで、当時から若い人たちの力を伸ばしていこうという想いが根幹にあったそうです。

現に入社したときの第一印象は、経験豊かな腕自慢の社員が多い「技術の会社」でした。一方で、社内の連絡書類に不備が多かったりと、現場仕事以外は関心を持たない傾向があって、それで良しとする空気もありました。もちろん会社としても社員個人としても、さまざまな経験を経て今があるわけで、培ってきたものに対するリスペクトは必要です。けれど、これから成和建設がさらに成長していくには、新しい時代に対応した環境をまずは整えていく必要があるだろうと考えていました。

入社から二年後に、健康に不安のあった先代から私がバトンを受け、成和建設の三代目代表に就任しました。「新しいものを積極的に取り入れよう」。会社として明確に方針を掲げ、組織づくりを本格化させたのがそのときです。

当時はほとんどの社員がスマートフォンを持つことにすら抵抗があるような状態で、私は現場のみんなとぶつかる日々の連続でした。自分の腕にこだわり、厳しく仕事に向き合ってきた人たちからすると、外からやってきた現場経験のない社長が急に会社の根幹を変えようとしたわけですから、空回りしても当然のことだったと思います。

「勤怠管理や経費精算をスマホでやりましょう」「一人一台ノートパソコンを貸与するので情報をサーバーで管理しましょう」。そんな呼び掛けをしても、外見やスタイルから入ろうとした事に抵抗が強く冷めた反応が返ってくるだけでした。

働き方が一新、オンラインコミュニケーションが中心で残業もほとんどなし

社内で意見が食い違って言い争ったことは何度もあります。その瞬間は腹を立てているのですが、不思議に嫌な感情が尾を引いたことはありません。それは、ベテランの人も中堅の人も、若手の人までちゃんとした考えを持ち、良い仕事をしたいということで取り組んでいるのが伝わってくるからだと思います。

一つひとつ話し合いを重ねる中で、少しずつ理解を得ることができるようになっていき

ました。特にコロナ禍は、仕事のＤＸ化という意味では当社の取り組みを加速させてくれました。私のへそ曲がりな性格もあって「これは逆にいい機会だ」と捉え、全員にタブレットを持たせて情報共有や会議をリモートで実施するようにしました。

私が建設業界に入って驚いたことのひとつに、働く人たちの真っすぐな性格があります。安全に気を付けながら工程を守り、完成に向かっていくという仕事柄が関係しているのかもしれませんが、裏表のない誠実で真面目な人たちがとにかく多いのです。そういった土壌があるからか、本音が真っすぐに伝わることで、今日に至る過程で自然に社内の目線がそろっていったのだと思います。

今では最先端の技術を取り入れていることが会社の強みとして言えるほどになり、なにより、腕の良いその道のプロフェッショナル集団ですので、以前まで頂けなかったような大型のプロジェクトも増えてきています。

働き方の面では、この業界にしては珍しいと思うのですが、日ごろのコミュニケーションはチャットやビデオ通話が中心で、担当する工事現場へ直行直帰でよいことにしています。本社に来るのは一年のうち片手で数えられるくらいです。

建設業界は労働時間が長く休みが少ない傾向にありますが、当社は残業がほとんどなく、年間休日も全産業の平均水準で取ることができています。

「施工管理」が、俺の夢になる。

当社では、これからこの仕事に関わるかもしれない人に向けて、『「施工管理」が、俺の夢になる」というフレーズを掲げています。数年前まで、施工管理という仕事の存在自体が世の中にほとんど知られていませんでした。以前に比べると認知度が高まってきたように思いますが、聞いたことがある、という程度ではないでしょうか。

社員たちの素晴らしい仕事が、もっともっと世間的に知られてほしい。自分たち自身が「この仕事で夢を実現するんだ」という熱い思いを持って、それを発信することで、子どもたちが「将来、施工管理をする人になりたい」と思えるような仕事にしていきたい。『「施工管理』が、俺の夢になる」には、そういった思いを込めています。

光栄なことに近年、「小学生のためのお仕事ノート（東京都北区・荒川区版）」に当社のことを掲載していただきました。写真を撮られることや発信活動そのものに苦手意識がある社員も多いのですが、「子どもたちのためだから」と引き受けてくれました。自分たちの仕事の意義や魅力を再確認する大きなきっかけにもなったと思います。

もちろん、施工管理の仕事に誇りを持つためには会社側の努力が不可欠です。私は成和建設を、一人ひとりが自分の力を発揮しながら成長して、成功をつかみ取るための舞台だと捉えています。それは採用面接でも必ず伝えていて、運も良いのでしょうね。おかげさまで最近は優秀な人材との出会いが多いです。

近年はインターネット上で求人情報を探して、ワンクリックで応募することが一般的になりましたが、私個人は自分の人生に影響を与える「仕事」をインターネット上の求人情報だけ見て決め、ポチッと応募するのはどうなんだろうと思う部分があります。

当社はエントリーシートがうまく書けなくても、上手に話せなくてもかまいません。一生懸命仕事がしたいという気持ちがあればいいのです。実際に、なんらかの理由で今風の求人市場に乗りきれずに就職を考えている人は世の中には一定数いるようで、そういった中から当社で面接を受け、現在活躍してくれている人が何名もいます。

代表として想いを未来へつなぐ

最近は外国籍の社員も増えてきました。本人の能力、志があれば誰にでもチャンスがある会社にしていきたいと考えています。成和建設を、性別や国籍、年齢、学歴すべて関係なく活躍できる会社にしたいと思い、採用させていただきました。この会社が「一人ひとりが自分の力を発揮して成長を続けることができる場所」であり続けられたらと思います。

当社の三代目の代表という立場を考えたとき、私が果たすべき大きな役割は創業者の想いを未来へとつないでいくことです。成和建設という社名には、「昭〝和〟」の良いところに「平〝成〟」の新しい部分を掛け合わせるという意味が込められていると聞いています。

ひと昔前には、地方から出てきた若者の働く場と生活の場を会社が丸ごと面倒をみるようなことがスタンダードであったように言う人がいますが、時が移り、ライフスタイルもすっかり変化しました。それでも、力をつけていく若い人たちを大切にしようという成和建設が誕生したときの想いはずっと変わりません。

社員に長く当社で働いてもらいたいという気持ちは当然ありますが、これからの時代を担う若い人たちが、将来的に独立や他の業界へ挑戦したいというときには、喜んで送り出したいと思っています。これは採用面接の時に本人に必ず伝えています。

平成が終わって年号が変わるとき、昭和と平成から一文字ずつ社名に取った当社とは関わりがなくなるようで寂しく感じていましたが、まさかの「令〝和〟」でした。平成の「成」と令和の「和」、という意味まで込めることができるなんてラッキーだ、と冗談交じりにお客様と話をすることがあります。もちろん更なる進化を約束する決意を込めてのことです。

時代が移り変わっても、三代目代表としての役割をいただいた者として、成和建設という会社の創業者からの熱い想いを大切に引き継ぎ、未来へとつないでいきます。

12 気軽に相談できる外部の情報システム部として、お客様ごとの唯一無二のパートナーに

ＡｉＴパートナー株式会社

代表取締役 蒲池 晃

■〒107-0052　東京都港区赤坂8-5-40 PEGASUS AOYAMA 220
Tel 03-6432-9524

■https://www.ait-partner.co.jp/

急な派遣や倒産を経ながら、「葛藤」をきっかけに創業

私がＩＴ業界に入ったのはありきたりな理由で、中学、高校と他の教科に比べて理数系のほうが得意だったからです。高校卒業後は情報工学を学ぶ専門学校に進み、流れでＩＴ系の会社に就職しました。

そこではカスタマーエンジニアとしてハードウェアの管理をしましたが、ソフトウェアについても詳しくなりたいと思ってデータベース構築をする会社に転職しました。入社後、間もなくして、オンライン証券会社からの案件が入り出向することになりました。その後、出向先よりお声がけいただき、そのまま社員となりました。情報システム部が三〇名ほどのそれなりに大きな会社でしたが、しかしながら同社の経営状況は悪化し、一年ほど後、企業ごと買収される形でファンド運営会社に転職することになったのです。

買収前から情報システム部はどんどん縮小していき、最終的には六名になって、私の所属がファンド運営会社に変わった頃は二名になっていました。業務量が減っているとはいえ、元々三〇名でやっていた仕事を六名ないし二名でこなしたわけですから、正直かなり大変で会社に連泊したこともあります。ただ、その時期があったからこそ知識が増え、技術もレベルアップしましたし、当時の経験は、現在の私の礎の一部です。

ファンド運営会社では、最初に社内ＳＥとしてサーバー管理を、次いで投資先の価値を

高めるためのＩＴコンサルティングを担うようになりました。ファンドには満期があって、その期限を過ぎると運営会社は投資先から離れます。しかし、私はＩＴ面をサポートしていたので、満期が過ぎてもお客様へのご支援をやめるわけにはいきませんでした。会社間の関係はなくなったのに、私個人だけが支援を続けている。そういう状況にジレンマを感じ、ＩＴ支援に特化した会社を創って最後まで一社一社に真剣に向き合っていこうと決め、二〇一二年にＡｉＴパートナーを設立しました。

お客様への思いを社名に込める

現在当社では、お客様がＩＴ面で抱える課題に対して、ツールの導入やシステム開発、戦略提案といったさまざまな角度からのソリューションをご提供しています。

ご支援しているお客様は、社内に情報システム担当者が一人か二人、いたとしても他部署と兼任しているような企業様が多く、大体が従業員規模一〇〇名以下の中小企業です。私たちが目指すのは、そういった企業様が気軽に相談できる外部の情報システム部のような存在です。

困ったときにとりあえず相談できる、という気軽さを持ち合わせた会社は案外少ないようで、それが当社の強みであるように思います。実際に、創業から一〇年以上が経つ今でも、当初からお付き合いのある企業様のほとんどと良い関係が続いています。

お客様が抱える悩みは三者三様で、ひと括りにすることはできません。社名である「AiTパートナー」の「パートナー」をあえて単数形にしているのは、お客様にとって唯一無二のパートナーでありたいという思いを込めているからです。

お客様の社内に新たな情報システム部をつくるなど、経営面でのお手伝いをすることもあります。例えば、スイーツ店を展開されている企業様をご支援したときのことです。国内二〇〇店舗ほど運営されている企業様でしたが情報システム部がなく、全店舗にPOSレジを導入したいというご要望がありました。私は現状の体制では難しい旨をお伝えして、IT面は当社が支えることを前提に、製造現場のある社員さんに異動してもらい、情報システム部をつくることを提案しました。その社員さんは元々管理部にいた方で、人を見る目があり、現場でも交通整理がうまく、問題を取りまとめる力が高いと考えたからでした。

結果、それでPOSレジ導入後もうまく業務が回るようになりましたし、驚いたのは、情報システム部をつくった途端に現場からの問い合わせが急増したことです。一定規模以上の組織になると、現場の悩みを見える化するための体制づくりが必要なのだということを学んだ出来事でした。

「もう受けきれないかも」から三倍の仕事をこなした秘訣

会社を設立してからこれまでに、九五のプロジェクトに関わらせていただくことができました。新たなご依頼のほとんどがお客様間の紹介です。担当者様が転職した先でご依頼してくださるケースもあり、当社はありがたいことに営業をしたことがありません。

社内でプロジェクトに番号をつけて管理しているのですが、実は三三番あたりで「これ以上は仕事を受けることができないかも」と思う時期がありました。結局、多少の増員はしたものの、ほぼ同じリソースで三倍近いプロジェクトをお受けしています。

複数のプロジェクトを同時進行させるには、いかに業務を効率化できるかが肝になってきます。企業様のご依頼の内容をたどっていくと、抱えている悩みが似ていることがあります。分かりやすい例で言うと、インボイス制度が開始される前、請求書を電子化したいというご依頼が増えた時期がありました。各社が抱える悩みを深掘りしていきながら課題の根本にある共通点を見つけることができれば、同じソリューションをご提供できますから、業務がグンと効率化します。

仕事の流れとしては、ご依頼を頂いた後、お客様の現状をヒアリングすることから始めます。このとき意識しているのが、状況を一通り伺ったうえで話し合いを進め、終わり際にもう一度お困り事がないかお聞きすることです。お客様は会話を進めて実際に言葉にするうち、頭の中を再整理されるのでしょう。後で「そういえばここもおかしくて」と問題点を思い出されることが多いのです。私たちとしても、そこに問題があるならここにも問題があるはずだ、と解決への道筋がより立体的に見えてくるようになります。

最終的なゴールは、ご支援を続けた結果、お客様にノウハウが蓄積されて自力で運営していけるようになっていただくことです。目の前の課題を解決することはもちろん、それによって未来がどう変わるのかを同じ目線で考えられるパートナーであり続けたいと思います。

組織づくりのテーマは「家族を一番大事に」

当社の社員は現在八名と少なくはありますが、一二年間、退職者がゼロでした。二〇二四年二月に初めての退職者が出ましたが、海外で仕事がしたい、という本人の夢を実現させるための前向きなものです。

その夢を持っていることは私も知っていて、入社から三、四年目の頃に「半年間留学したいので会社を辞めるしかないと思っています」と相談されたことがありました。そのときはお金も困るだろうからと留学先でも勤務できるよう調整して、帰国後もまた当社で働いてもらいました。その彼が、いよいよ夢を叶える時期がきたわけです。本人は気を遣ってギリギリまで勤務すると言ってくれたのですが、環境に慣れるのは早いほうがいいでしょうから、引継ぎはしなくていいと伝え、二か月早く海外へ立ちました。彼の活躍を、社員みんなが応援しています。

私が尊敬する前勤務先の社長が「家族を一番大事にしろ」とよく仰っていました。その言葉を初めて聞いたときに感銘を受け、自分が会社をつくってからも、一貫して組織づくりの軸に据えています。私は家族や個人の生活を豊かにするために仕事をすると捉えているので、仮に今、社員の解雇を迫られるような状況になっても、その人を解雇したら家族がどうなるかまで考えます。

プライベートを最優先に考えてほしいということは社員に日頃から伝えていて、仕事に支障がでない限り、勤務する場所や休暇取得のタイミング、期間は社員本人が決めて良いことにしています。私の性格的にも、人を管理したいという気持ちが全くなくて、やることをやってくれればいくら休んでもいいし、何をしているのかを逐一把握したいとも思いません。お客様との調整も本人に委ねているので、基本的に私から口を出すことはありません。

Ａ・ｉＴパートナーをインフラのように捉えてほしい

ご依頼いただくお仕事の数は右肩上がりで、毎年「今年が過去一番忙しい」と思いつつ、次の年になると「去年より忙しくなったな」と振り返ったりしています。けれど今後も無理に人を増やすのではなく、少数精鋭をベースに成長していけたらと考えていて、ＡＩやＲＰＡ（ロボティクプロセスオートメーション）を活用しながら業務効率を高め、より多くのニーズにお応えしていけたらと思います。

会社をどれだけ長く続けていくか、という視点はあまり気にしていませんし、そもそも会社視点で考えることがあまりありません。一人ひとりなりたい姿は違っても、なんらかの共通した思いがあって集まり、会社は個々のビジョンをもとに仕事を提供して、利益はみんなで分配する。それが私の考える会社の在り方です。

ですから社員には、Ａ・ｉＴパートナーをインフラのように捉えて、一人ひとりがやりたいことを実現するための基盤としてうまく使ってもらいたいと考えています。いずれは、次の目標を見つけてより高いところへ羽ばたいていくでしょう。Ａ・ｉＴパートナーは、いつも個々のキャリアを応援できる会社でいられたらと思っています。

13 放電加工で日本のモノづくりの未来を支える広島県の小さな町工場

株式会社橋川製作所
代表取締役　橋川　栄二

■〒734-0053　広島県広島市南区青崎1-4-12
Tel 082-282-0903
■https://www.hashikawa.co.jp/

汎用工具では対応できない部分の追加工が専門

私たちは特殊加工技術を用いて、一般流通している汎用工具では対応できない部分の追加工を専門にしています。工具の自動化が進んでいる近年、加工の九割強は汎用工具で対応できるとされています。私たちの専門である特殊加工は、対象物に合わせて自分たちで工具をつくり、残りの一割に満たない部分に特化して加工するという非常にニッチな仕事です。

特殊加工を施すうえで、当社のコア技術となっているのが「放電加工」と呼ばれる落雷の原理を用いた工法です。一九八八年に企業として放電加工に着手してからこれまでに、航空宇宙をはじめ医療や半導体、自動車、電気電子部品など多分野において、国内外トップメーカーの試作開発を支援してきました。

昨今、ChatGPTなどのＡＩが台頭して、人が担う役割がどんどん変化しています。ＡＩは先人の叡智から学習して価値をつくっていますが、その仕組み上、どうしても対応できない部分があって、それは人の手で補うしかないのです。

当社は社員が一〇名未満の、広島県にある小さな町工場ですが、六〇年という社歴の中で積み上げてきた技術と知識、そして信頼があります。伝承してきた「職人の技」こそが私たちの強みです。モノづくりを最も後方から支える当社の仕事は、これからの未来にとって必要不可欠なのだと自負しています。

モノづくりの現場がAM工法に切り替わりはじめている

今、モノづくりは大きな転換期を迎えています。

これまでこの業界は、大手企業が加工を当社のような中小企業、零細企業に水平分業し、分業先でアルミやチタンといった材料を削り取りながら完成させた部品を、大手が最後に組み立てる流れが一般的でした。しかし二〇三〇年ごろまでに、多くのトップメーカーの製造現場がAM工法（Additive Manufacturing）に切り替わると言われています。

AM工法は3Dデータをもとに微細な粉末を焼結させた素材を積み重ねる製造方法で、日本では3Dプリンターという呼ばれ方が一般的です。AM工法であれば、これまで部品として分かれていたパーツを一体形状で造ることが可能になり、しかも、必要な材料を最小限に抑えることができて、強度にも遜色がありません。

それを可能にするのが、ハニカム構造です。ミツバチの巣をイメージしていただけると分かりやすいのですが、正六角形または正六角柱が並んだ構造で、空洞があり、空気層の割合が大きい分、従来の三分の一以下の密度で製品ができます。とにかく軽く、しかも硬くて丈夫です。ハニカム構造そのものはすでに活用されていますが、AM工法でこれをつくるとなれば、複雑な形状のものでも短期間・低コストでできるので、航空機製造に関わる国内外のトップ企業をはじめ、大手企業がＡＭ工法に切り替えはじめています。

橋川製作所だからできるこれからの追加工

製造過程の効率化が図られれば、普通に考えて、当社のような町工場のニーズが減ることにつながります。すべての工法がＡＭ工法に切り替わるわけではないと思いますが、町工場の存在感が以前より希薄になることは間違いないでしょう。

しかし私は、ＡＭ工法が一般化されていくにつれ、さまざまな追加工ニーズが当社に集中すると見込んでいます。ＡＭ工法に欠けている「精度」の部分を当社が補えるからです。確かにＡＩの深層学習機能によってミリ単位の穴を精密にあけることができますし、一〇〇点満点評価で九九・九八点の造形体が製作可能になりつつあります。ただ、残りの〇・〇二点の部分、超極小の穴を精密に加工することはできません。ここに、当社が追加工を施すニーズが生まれます。

ハニカム構造を「ミツバチの巣」と表現しましたが、中が空洞だということは、下手に加工すると表面を突き破ってしまいます。また、加工の際に出る切屑が中に入り込んでしまうと取ることができない、という超ハイリスクな作業です。

ミクロンやマイクロメーターの加工が町工場の限界と言われている中、当社の工場には、一メートルの一〇億分の一にあたる「ナノメートル」まで品質を保証できる検査装置を設置しています。放電加工により高精度の加工を非接触で施せるので切屑が発生せず、内部構造体を壊すことなく高精度な追加工が可能なのです。

二〇二四年夏からは、追加工ニーズにお応えするために「AM追加工.com」というプラットフォームを展開しています。早速、大手航空機メーカーから小径穴の追加工を依頼いただき、AM工法の追加工ニーズの受け皿として、当社の存在意義をより一層感じています。

衣装函メーカーから一八〇度の事業転換

当社が最高峰の加工を施すことができるのは、特殊加工に長年携わってきた中で培った個々の技術力の高さに加え、あらゆる産業に対応できる経験の豊富さがあるからです。

当社の創業自体は、放電加工を開始する二四年前、一九六四年です。私の父が衣類函のメーカーとして設立し、中国・四国、九州地方でナンバーワンのシェアを取るほどに成長しました。経済的にも潤っていたのでしょう。現在の橋川製作所の本社となっている自社ビルも、その頃に建てたものです。

しかし衣装函は時代とともに斜陽産業となり、私が社会人になる頃には、企業として立て直しが必要な状況になっていました。一九八七年に私は入社しましたが、前職は放電加工機メーカーのベンチャー企業です。当時としては非常に珍しいコンピューターを用いた技術で、私はここに六年半勤め、ビップユーザー向けに技術指導をしていました。「放電加工は今後、絶対に伸びる」という自信があったので、父を説得して一八〇度の事業転換を図り、三年後には放電加工事業へ一本化しました。

一九九六年には私が代表取締役に就任し、父から完全に会社を引き継ぎました。今日に至るまでの間に、昭和を生き延びてきた歴史ある町工場がどんどん市場から撤退しましたが、当社は試行錯誤を重ねながら独自の技術を磨き続け、自分たちの技術を信じ、なんとかやってくることができました。

失敗はつきものである、と日頃から社員に伝える

当時から競合他社と呼べるような企業はなかったと思います。というのも、この仕事は「新しい製品の図面を起こしたけど、汎用工具では加工できない部分がある」といったニーズにお応えするものなので、手掛けるのは前例のない加工ばかりです。しかもあらゆる産業の試作を担っていますから、ハイリスクの典型のような事業だともいえます。

自然と、ある程度の失敗を重ねながら技術を伸ばしていくことが前提になりますが、当然ながら本来、計画の中に失敗することは織り込まれていません。

しかし当社では「失敗はつきものだ」ということを社員に常々伝えています。失敗しても、本人がその痛みを乗り越えて次に向かっていく、それを言葉や行動で後押しするのが経営者の役割だと思っています。今まで当社で働いてきた職人たちも、全員が失敗しましたし、私自身たくさんの失敗をしたからこそ今があります。挑戦して失敗したことを咎めては前へ進めない仕事なのです。

繊細さが求められる仕事なので、精神面が影響するという側面もあります。人間なので気持ちが安定しないときも当然出てきますから、そういう場合は狭い工場から出て、自然に触れながらリフレッシュしてもらえたらと思っています。

工場の中には、過去に全損不良によって引き上げることになった五〇〇万円の金型を二台置いています。「人間は失敗する生き物で、その失敗を乗り越えながらたくましくなっていく」。この金型を見るたびにそれを再確認できます。

「私たちの辞書に不可能という文字はない」

ニーズの拡大に合わせて企業として成長していくことは必要です。しかし、急に人を増やしたりと、無理をして規模を大きくすれば受け皿の枠を超えてしまいますから、望むところではありません。一つひとつのニーズに丁寧にお応えするために、地に足をつけながら、緩やかな右肩上がりで成長していくのが理想です。

微細加工において、私たちの辞書に不可能という文字はありません。日本全国広しと言えど、追加工の受け皿としてあらゆるニーズに対応できるのは、当社ならではだと思っています。昭和の頃から先人たちが積み重ねてきた基盤を大切にしながら、これからのモノづくりを後方から支える。それが結果的に、国民の皆様の生活の豊かさにつながれば嬉しい限りです。日本というモノづくり大国が世界における輝きを取り戻すために、私たちは日々探求を続けていきます。

14 太陽光設置で独自にビジネスモデルを築き他社がやりたがらない仕事を専門に

太陽光技研株式会社

代表取締役　青木 宣幸

■ 〒421-3303　静岡県富士市南松野2863-4

Tel 070-7619-3358

■ https://www.taiyoko-giken.jp/

私が環境ビジネスに興味を持ったきっかけは、将来的にこの分野の需要が大きくなるのではないかと感じたことでした。地球温暖化が進めば、いつか白熊がいなくなる。そんなニュースが話題になる中、自分の生活と照らし合わせて考え、この分野でキャリアを積んでいこうと決めました。

最初に勤務したのは太陽光発電機器のメーカーです。私は産業用の太陽光発電を担当していて、当時は農地に太陽光発電システムを設置する動きが進んでいました。仕事をするうちに、これからは、農地転用せずにソーラーパネルを設置して、農業と太陽光発電を両立させる「ソーラーシェアリング」が流行るのではないかと思考するようになりました。

そんなとき、取引先だった工務店から「一緒にその事業をやらないか」とお声がけを頂いて転職。新設された太陽光部門の営業部長となりました。私がお客様との折衝や仕入れ先との関係の築き方など、営業のスキルを学んだのはその頃です。

当時は自分で事業を興そうという気持ちはほとんどありませんでした。やるにしても、もっと後になってからだろう、くらいに考えていたのですが、一〇年ほどお付き合いのある先輩経営者の方が、「君ならできるから会社をつくったほうがいい」と何度も言ってくださったのです。今思えば、経営者に向いているというより〝壁にぶつかってもしっかり研究して越えていく〟といった私の性格を踏まえての勧めだったのだと思います。けれど信頼している方の言葉には力強さがあります。経営のノウハウを覚えるうちに私自身が

「いけるんじゃないか」という気持ちになり、最終的に起業を決断しました。

「屋根」と「電気」の両工事を自社対応

太陽光技研は二〇二三年五月に創業しました。一般住宅向けの太陽光発電システムを中心に取り扱っていて、具体的には、太陽光発電システムで発電した電気を売電と組み合わせて新築物件に〇円で設置できるプランや、自宅や社内の電力として消費する自家消費型のプランなどを販売・施工しています。

初年度実績でおよそ一〇〇件の施工をしましたが、これだけの受注ができたのは、何年も前から仕事でお世話になっているベテランの屋根職人さんのお陰です。

現在では太陽光という言葉は広く知られていますが、それを専門にしている会社はそう多くありません。太陽光パネルを取り付けるには、屋根の状態や形状、勾配などいくつかの条件があります。さらに条件をクリアした中で、太陽光パネルを取り付けたいというお客様が対象になるので、市場規模は小さいのです。

また、太陽光の事業には、「屋根」と「電気」の工事が必要ですが、建築業界は昔から屋根は屋根屋、電気は電気屋というように、仕事がきっちり分けられています。工務店が太陽光の作業を行う場合は、「屋根」「電気」、それぞれの業者へ外注することになるので、その分お金も手間もかかります。また、もしも依頼した電気業者が太陽光を扱えない場合、さらに別の専門業者への外注をプラスする必要があります。

当社の場合、私自身が太陽光パネルを付けられるように電気工事I種の資格を取得しました。現在は、電気を私が、屋根を屋根職人さんが取り付け工事を担当していて、ほとんどの施工を自社対応でまかなっています。

「〇円設置」の高い参入障壁を解決

太陽光パネルの「〇円設置」をご存じでしょうか。数年前からあるビジネスモデルですが、初期費用〇円で太陽光パネルを取り付け、設置から一五年間はメーカーが機器の所有者となり、発電した電力を売電するシステムです。イメージとしては、一五年間メーカーが家の屋根を借りて売電を行い、その後お客様に譲渡するという流れになります。

これを業者視点で考えてみると、利益を得るのはメーカーやスキームを運用する会社で、工事を請け負う工務店には利益がほとんど残らず、業界全体としても参入しづらい状況になっていました。当社の場合、〇円設置を手掛けてもしっかり利益が残る体制を整えていますし、屋根の施工やパネルの据付はもちろん、アフターケアまでを自社で行うという、「〇円設置」のビジネスモデルを確立しています。

仕事を依頼してくださるのは工務店など建築関係の業者様や個人のお客様が中心ですが、営業では広告に力を入れています。ホームページやウェブ広告、新聞広告を軸にしていて、「お客様にダイレクトに」というより、メディアに露出することで、潜在的なお客様にも興味を持っていただくきっかけを作ること。さらに、幅広い方々の「目」に触れることが大切だと考えています。

具体的には、リフォーム会社紹介サイトで当社をお勧めしていただくこともあれば、新聞に広告を掲載することもあります。新聞広告については、そこから問い合わせなどにつながるケースは多くはないのですが、「新聞に広告を出す」ということ自体が会社の信用、ひいては製品の信用につながるという側面があるので重視しています。

このように広告媒体を使い分けながら、マーケティングを進めているところです。

月二万円の電気代が一〇分の一に

ここ数年、電気代の高騰を大きな要因として、一般住宅向け太陽光発電システムにより多くの方が興味を持っていただいている印象があります。一九七〇年代のオイルショックの際、太陽光の熱でお湯を沸かす「太陽熱温水器」が飛ぶように売れました。灯油、ガスの高騰によるものですが、生活に直結する光熱費の高騰という点で現代との共通背景があり、そのときの社会現象に近いものを感じています。

近年はカーボンニュートラルの実現に向けて再生可能エネルギーの導入が政府規模で進められているため、今後しばらくはこの傾向が続くでしょう。

生活費に直結する電気料金については、自家消費型発電システムを導入したお客様を例にとると、月二万円の電気代が、二〇〇〇円から三〇〇〇円台になるようです。また、私の自宅は太陽光と蓄電池を併用していて、余剰電力を貯めつつ、足りなければ電気代が割安になる夜間に蓄電するようになっていますが、通常かかる電気料金の一割ほどで不自由なく生活できています。

太陽光発電には各省庁・自治体から豊富な補助金制度が展開されていますし、蓄電池については自然災害の多い昨今、停電などの非常時にも対応できるので心強いというお声をいただいています。

お住まいのエリアによっては「お天気次第だから心配」とおっしゃるお客様もおられます。過去の統計から、少なくとも当社の管轄である関東圏、東海エリアに関してはどこでも照射日数に問題ありませんし、太陽が出ない場所であれば、草木も育ちませんから安心していただければと思います。

当社では国立研究開発法人新エネルギー・産業技術総合開発機構（NEDO）で公表される日射強度の数値に加え、現地の環境を踏まえてシミュレーションデータをご提示するなど、お客様へ安心と信頼を提供できるように日々努めています。

県内の依頼数ナンバーワンを目指して

組織づくりにおいて私がもっとも重視しているのは、礼儀・作法といった基本的な部分です。その部分の土台があれば人として自然と地に足がついてきますし、お客様への対応もしっかりしてきます。礼儀、作法というと時代錯誤のように捉える人もいるかもしれませんが、私は失われつつある大切なものであると考えていて、社員、ひいては会社へのお客様の信頼度を高めてくれるものだとも捉えています。

すぐに結果として出てくることではありませんが、時間をかけなければ人は育たないと考えていますので、繰り返し社員に伝え、説いていきたいと思います。

当社の将来的な目標は「業界内で一番信頼される会社」であることですが、それは、お客様だけではなく、職人さんから見て、「太陽光の業者なら太陽光技研」と言われる会社であることです。

技術を持った職人さんは仕事を観る目を持っておられます。仕事を覚えるまで、そして覚えてから数多くの現場に携わられるので、経験から得る「目」と言い換えられるのかもしれません。職人さんはそれぞれに確かな「目」を持ち、お客様の喜ぶ仕事をされます。

そんな職人さん方に認められるということは、当社もお客様に満足していただける仕事をしているということです。まだまだ、周りの職人さんから見れば至らない点ばかりの当社ですが、認めていただけるように精進を重ねていきます。

そのためにはやはり、短期的な売上ではなく、私を含めた社員の礼儀作法を重視して、組織としての基盤を強固なものにすることが大切だと思います。そうして最終的に目指すのは、静岡県下での依頼数ナンバーワンです。

15 一族の歴史をバックボーンに、まだ見ぬ「常識」を世界へ

NobleGate株式会社

代表取締役 坂口 烈緒

■〒810-0073　福岡県福岡市中央区舞鶴1-8-38 WAVE BLDG201

■https://www.noblegate.net/

一族からの教えと異国の地で基盤をつくった母の姿

私たちNobleGate（ノーブルゲート）のコンセプトは、世界にさまざまな「新常識」をもたらすことです。基盤事業は大きく二つ。家業のリソースを生かした「宝石」関係と、私自身が研究を続けている「心理」の分野です。

簡単に紹介すると、宝石関係では、宝石の輝きをそのまま保持する塗料「宝石顔料」を使ったラグジュアリー。心理については、食について心理学の観点でアプローチする「食生心理学」の体系化など、これまでに類のない試みに挑戦しています。

私は日本人の父とスリランカ人の母のもとに生まれました。母はスリランカで二八〇年以上続く資産家の八代目で、家は所有している鉱山から宝石を自社採掘して加工・販売する宝石業を営んでいます。伝統やしきたりを重んじる家系ですが、私の祖父、つまり母の父親はとても柔軟な考えを持っていて、代々、男性が後継してきた家督を、女性が継いでもいいじゃないかと私の母を当主に推しました。祖父をきっかけに、一族の中に自由な気風が生まれてきたのかもしれません。

私の母も祖父に劣らない柔軟性を持ち、かつ先進的な人でした。一族に受け継がれる伝統やしきたりを尊重しつつも、こだわりすぎる必要はないと日本に渡り、父と恋愛結婚をして私が生まれました。母の行動は一族に衝撃を与えたようで、支援を打ち切られ、日本での生活は日々の暮らしに困るようなゼロからのスタートだったそうです。

そんな中で母は知見のあった宝石事業を中心に日本で新たなビジネスを始め、事業として成長させていきました。

私は幼少期から一族の九代目として礼儀作法や教養、経営者としての姿勢などを厳しく教え込まれてきましたが、同時に、ビジネスを成功へと導いた母の姿から多くのことを学びました。

「宝石顔料×伝統工芸品」で資産に新たな価値を

近年はレプリカやフェイクの技術が高くなって、本物の宝石と判別がつかないものも出てきました。そこで、宝石に資産価値をプラスできないかと思ったのですが、金は昔ほど安定していないし、株式や仮想通貨と同じように宝石も万能ではありません。

考えたのは、無形だけれど不変な伝統や歴史をジュエリーに落とし込むことで、そうして生み出したのが、当社独自の宝石顔料技術でした。顔料化できれば絵だってかけるし、生地だって縫える。用途の幅がぐんと広がります。

しかし、ローズクォーツや翡翠といった一部の宝石は粉状にしても色が残りやすいのですが、ルビー、サファイアなど宝石の多くは砕くと輝きを失い、色彩もごく薄くなるので、元来、塗装に活用することはできないとされてきました。

　まずは自身で取り組むしかありません。自宅の風呂場で粉まみれになったりしながら、試行錯誤を繰り返しました。やがて「この理論でいけるんじゃないか」というラインにこぎつけたので、プロの方に加工してもらい、粉末化しても宝石の輝きを失わないものができたのです。

　現在、「Ukiyo Jewelry's（ウキヨジュエリーズ）」というブランドのもと、宝石顔料と伝統工芸品を掛け合わせながら事業を展開しています。眼鏡やお皿といった工芸品に加え、絵画やネックレスなどへ幅を広げている最中です。

　今後の改善点としては、宝石の性質上、顔料化すると粒子の大きさが異なるので、車に使った場合、塗装機材に粒がつまって壊れてしまいます。その点をクリアにして、車両や家具への活用を進める計画です。

　日本の伝統美は海外でも人気が高く、当社の事業は全国の職人さんに力を借りながら展開しています。私自身、日本の伝統文化が大好きです。今後も海外の方々に「日本のものはこんなに魅力的ですよ」と伝え、また、そうすることで日本の職人さんたちのお仕事を少しでも後押しできたらと思っています。

食事と心理を関連づける学問

私は現在、ロンドンの大学に通いながら研究も行っています。

大学では心理学と哲学を学んでいますが、専門的に研究しているのが、「食生心理学」という分野です。「この食べ物はストレスの軽減に役立っているのではないか」「やけ食いしたいときの心理にはこの食べ物が関係しているのではないか」というように食と心理を関連付けています。言い方を換えると、現代人にとっての食は、食材の一つひとつが精神に作用するようになっていて、その関係を体系化したのが「食生心理学」です。

実は食事が人の心理に影響するのではないか、という研究は二〇世紀初めごろに行われており、私はそれをベースに学問として体系化させ、より完璧な形になるよう進めています。

根っこにあるコンセプトは宝石顔料と同じで、「従来の見方とは異なる新たな視点」です。データを集めるためには時間と労力が必要で、有意なデータが取れている食材は全体の一パーセント程度にすぎません。時間はかかると思いますが、他事業で生まれたリソースも活用しながらデータをコツコツと増やすことが、この学問に磨きをかける近道になります。

実生活に役立つレシピは著書などで紹介しているので、今後も、研究を通じて明らかになったことを世の中に届けながら、日常生活に生かしていただければ嬉しいです。

子育てアプリの活用も視野に

心理学で学んだことを生かし、「SNSで何か情報発信をしよう」と始めたのが、チャイルドカウンセリングに関する活動でした。その後、本を出版しましたが、反響は親御さんだけでなく、生きづらさを抱えておられる方からも返ってきました。世の中には悩み、苦しんでおられる方がこんなにいらっしゃるのだと認識して以後、活動に重きを置いています。

生きづらさの根本がどこにあるのかは個人によって異なりますが、自身で心の安定を守り、ケアしていく方法などもお伝えしていきたいと考えています。

子育てについては、スマートフォンアプリとボードゲームを考案中で、それを通して子育てを学べないかと思っています。例えば人生ゲームのように、子どもを塾に行かせるという選択肢を取ると、子どもの学力ポイントが入るけれど、ストレスのポイントも入る。親としてケアをするとストレスのポイントが下がる反面、時間が減ってしまう、というイメージです。

大人が育児を考えるきっかけになればという一面もありますが、人は学習する生き物なので、そういった子育ての難解さをゲームとして親しむことで、子ども自身も学べるのではないかと検討を重ねているところです。

組織づくりはチャンスを提供するというスタンスで

当社は直雇用の社員こそ五名と小規模な組織ですが、企業として多くの方に業務委託で関わってもらうスタイルをとっていて、すべて含めると二〇〇名ほどになります。

私はセミナーの講師として登壇する機会が多く、その際に「自分で事業を興すには何から始めたらいいですか」といった声が上がることがあります。そういうとき私は、当社の事業の中で発言者にチャンスをあげられるものはないか考えます。事業内容が特殊なのでご縁ができるケースは少ないのですが、物事を広げたいのであれば、「してほしい」ではなく「与える」というスタンスが重要だと思います。

実際、職人さんと関わるときでも、「作ってもらう」より、「文化を伝えたい」「あなたを豊かにしたい」というスタンスのほうが良いものができるように感じます。

時間の捉え方もこれと似ていて、時間を減っていくものと捉えると、「急がなきゃ」と不安や焦りが生まれ、迫ってくる敵のような感覚になり、現実の業務効率も悪くなりがちです。しかし、自由に使っていいギフトだと捉えると、どうでしょう。毎日無条件で二四時間もらえるなんて、すごく太っ腹だと思うのです。私の場合、そう捉えるとナチュラルに物事に取り組むことができ、気が付いたときには、一日のうちにこんなに多くの仕事をこなしたんだと驚いたりします。

メタバース空間で農業が体験できるコンテンツを構想中

他に、今後の取り組みとして、メタバースで実際に農業ができる仕組みを開発中です。私は日本のお米が好きで、食生心理学の研究を通して農家の方との繋がりも増えました。そういう中で、農家の方がどう困っておられるのかという実情を知り、同時に、消費者の皆様に新しい形で農業に興味を持っていただけないかと考えました。

一例をあげると、アプリ形式で小口のクライアントが小さな区画の農地を買います。そこに課金するような形で肥料などを選び、実際の農地のほうでも、プロの農家の方がその肥料を使って作物を育て、収穫後はクライアントにそれが届く仕組みです。突発的な台風が来たときには、「こういう暴風防止セットをつける」という課金もできて、それでも駄目だった場合はゲームオーバーという形を取ってはどうかなど企画を練っています。クライアントを楽しませ、そして農家に負担がない形で作物を育てる方法はないかという軸で考えているコンテンツです。

母や祖父、そして自分自身の経験から、物事は変化するもので、変化に対応できる人が新しいものを生み出せるのだと実感しています。今後も世界初のコンテンツを発信できるよう、当社独自の「新常識を」生み出し続けます。

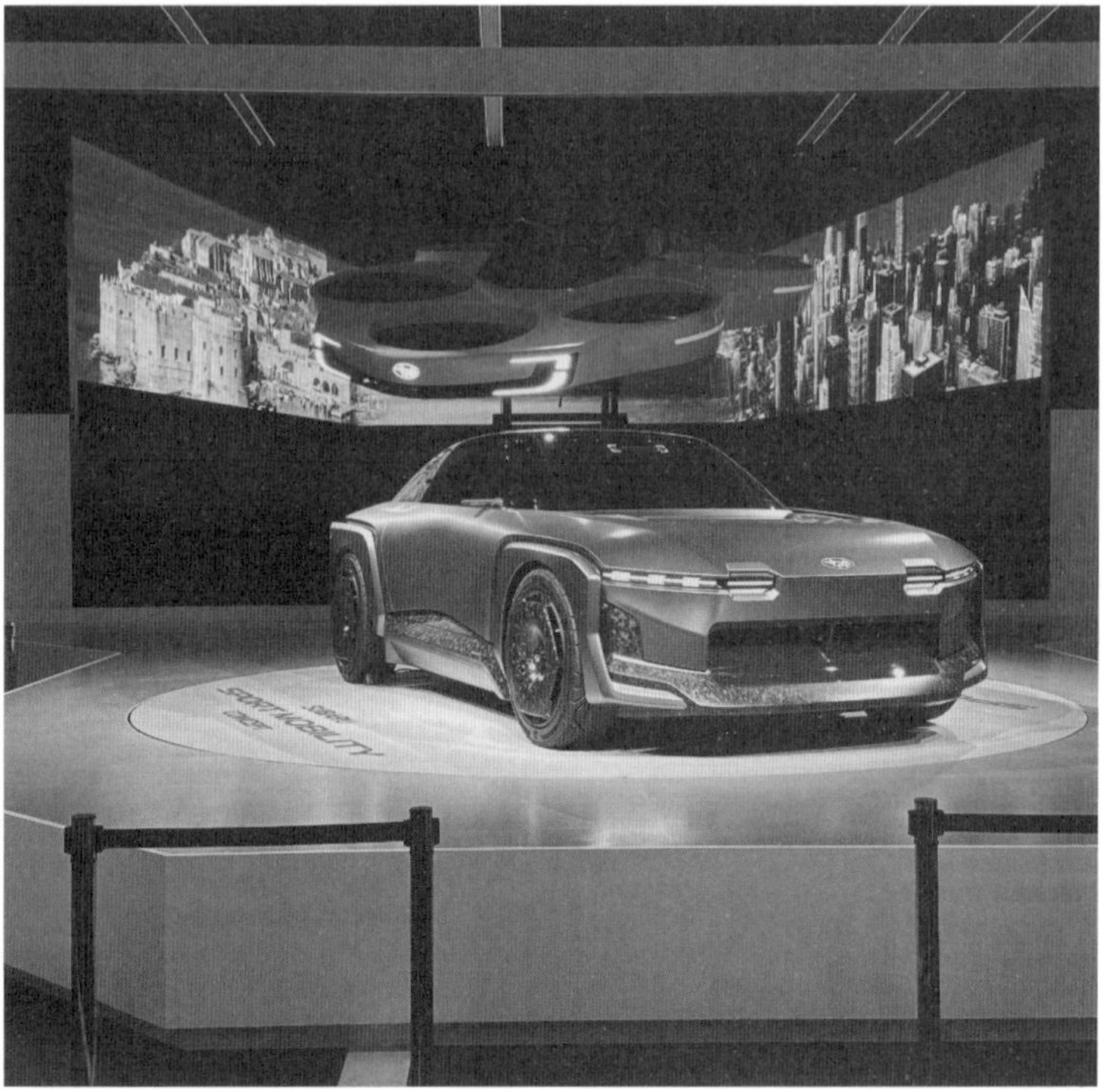

16 国内唯一の ターンテーブル専門メーカーとして、あらゆる「廻したい」をカタチに

株式会社Turn Tech

代表取締役 井口 良治

■〒358-0014　埼玉県入間市宮寺2217-4

Tel 04-2902-6139

■https://turntech.co.jp/

二つの工夫により「堅牢さ」と「静けさ」を実現

当社は「ターンテーブル」の専門メーカーで、個人・法人問わず完全オーダーメイドの製品を製造、設置することができます。

一般の方は、どんなところに使うのだろう、と思われるかもしれません。メジャーなところでは、立体駐車場の出入庫や、展示会で展示物を三六〇度見せるときなどに使います。他にも多様な使われ方があって、例えば食品工場の直線の生産ラインを円にしたいときに設置すると、入口と出口が隣り合わせになるので、「形をつくる↓焼く」というように次の工程にスムーズに入れます。

当社のターンテーブルの特徴は「静か」で「堅牢」なことです。主に二つの工夫によってそれを実現させていて、一つ目はローラー部分に樹脂を使っていること。ローラーは通常、鉄を用いますが、それだと天板も鉄製なのでお互いが喧嘩してローラーが摩耗してしまい、鉄が擦れるキーキーという音が発生しやすくなります。樹脂ローラーは鉄に負けてくれるので音が鳴りにくく、摩耗してもローラーさえ交換すれば新品のように生き返ります。

二つ目は、天板を支える車輪の数を一般的な製品より二割程度増やしている点です。樹脂は鉄より柔らかいのですが、これによって堅牢さを保持できます。必要な部品が増えるので、正直、利益は減ります。ですが当社の思いとして、Turn Techの製品はどこよりも長く持った、と言われたいし、お客様が再びターンテーブルが必要になったとき、「あそこに頼めば間違いないよ」と言ってほしい。利益よりも信頼に重きを置くスタンスでやっています。

仕事への思いをある言葉で表現していた当時

家業はボールベアリングやターンテーブルを取り扱う業界大手で、私は二五歳で入社して、Turn Techを設立する四〇歳まで勤めていました。最初に配属されたのがターンテーブルの工場でメンバーは四名だけでした。当時はターンテーブルが会社全体の利益に占める割合は一、二割程度でしたが、私が辞めるときは一〇名以上の工場になり、会社の総利益に占める割合も七割ほどになっていました。

振り返ってみて、お客様が増えた要因は、仕事に対する自分たちの姿勢だったと思います。納期が短かったり、内容的に多少無理な注文だったりしても、お客様のご依頼をカタチにしたいと仕事を引き受けていました。次第に「この会社はなんとかしてくれる」というイメージが定着していき、評価を高めていったのでしょう。

「嫁に出す」。製品がお客様のもとに納品されるとき、私たちはよくそう言っていました。

今の時代だとあまり良い表現ではないかもしれませんが、一人ひとりが仕事に対して本当に真剣でした。その頃のメンバーは皆辞めてしまったようですが、私が在籍していた頃は長く勤めてくれている人も多く、一枚板になっていた印象があります。

その後、三〇代前半で専務になったものの、次第に、自分なりの考え方で事業を展開したいという気持ちが強くなりました。国家単位のプロジェクトに関わっていたので予定より遅くなりましたが、四〇歳を超えた二〇二〇年に独立。国内唯一のターンテーブルを専門とする、Turn Techを設立しました。

「廻したい」に応えられなければ当社の存在意義がない

中小企業ならではのフットワークの軽さを生かして、当社はどんなご依頼もカタチにします。社歴も浅く、帝国データバンクなどにも情報がないため、いの一番にご依頼をいただくことは少ないのですが、お客様の最後の頼みの綱として、お問い合わせいただくことが結構あります。

ある高齢のお客様は「どこに連絡しても断られて、Turn Techに行き着いた」とおっしゃっていました。家が細道の突き当たりにあって車の切り返しができないため、出庫時のことを考えてバックで入庫しなければいけない。ということでお悩みでした。個人の方だと予算は限られますし、会社の利益面を考えると断りたくなってしまう気持ちも分かります。しかし、だからといって断ってしまっては、ターンテーブルを作っている意味がありません。お引き受けしたところ、助かったと本当に喜んでくださいました。このお客様の元には、間もなく納品です。

お問い合わせの対応においては「できること」「できないこと」をすぐに伝えるようにしています。お客様から連絡をいただき、営業担当者が訪問して相談内容を伺ったところ技術関係の話だったので、「後ほど確認してご連絡します」と帰ってしまうような対応はしたくありません。お客様はその場で回答が聞きたいから呼ばれたわけで、技術的な打ち合わせであれば技術者が出向き、その場で今後の方向性を固めるべきだと考えています。

依頼の中でも特殊なターンテーブルに関する打ち合わせは、さまざまなシチュエーションを想定したうえで、「今後必要になるかもしれないスペック」にまで踏み込むことを大切にしています。博覧会に使用するターンテーブルを、一周につき五分というゆっくり回る仕様にしたいというお客様とは話し合いを重ね、魅せ方に柔軟性を持たせるために、三分から一五分の間で調整できるようにしました。中古車販売店などで、将来的に移転する可能性があるときは、半埋め込み式にして、移転後に再利用できる低床置き型式をご提案するなど、場面や場合を考慮して取り組んでいます。

従業員が家族から応援される会社を目指す

私一人でスタートした当社ですが、「入社したい」と声をかけてくれる人もいて、仲間を増やしながら創業五年目となりました。多くの場合、会社と従業員をつなぐものは「仕事」や「お金」といった要素です。当社もその点は大事にしていますが、加えて、本人がつらいときに家族から「良い会社なんだから頑張れ」と支えてもらえるような職場環境を目指しています。

会社には、従業員をご家族から預かっている責任がありますから、私の中で「怪我をしそうなときは厳しく指導する」と決めています。溶接するときは高圧の電気を使いますし、クレーンで荷物を上げるときに物を落としてしまう可能性もあります。この仕事には危険が潜んでいます。

前職にいた頃、従業員がクレーンで吊っている鉄と鉄の間に指を挟んでしまい、大きな怪我をしたことがありました。ご家族のもとに謝罪に行ったときのことです。先方のお父さんが「うちの息子が手を離せばよかったのにすみません」と言ってくださったあと、「工場の見学に行ってもいいですか」とおっしゃいました。お父さんご自身が製造業の仕事をされていたことが理由の一つかもしれませんが、怪我をした子が「うちの工場は設備もすごいし人も良いんだ」と工場の自慢をしてくれていたそうです。「あんまり自慢されるので見てみたくて」とおっしゃられて恐縮しましたが、翌日お越しいただきました。

もちろん怪我をさせてしまったことは会社に落ち度があります。けれど会社の在り方次第で、従業員が家族から応援されることがあるんだと胸に残りました。

会社として従業員のご家族を応援することも大切にしています。当社は長野県にある女子軟式野球チーム「長野東ガールズ」のスポンサーをしているのですが、このご縁は、従業員の娘さんがチームに所属していたことでつながりました。私も少年野球の指導に携わっているので分かりますが、地域のスポーツクラブは資金不足で、指導者や保護者が自腹を切りながら活動を続けているケースがほとんどです。用具が少し増えるだけで練習の密度が濃くなる場合もありますし、何より会社として子どもたちの夢を大事にしたいと思っています。法律的に問題ないことが大前提ですが、それさえクリアできれば、子どもたちの成長を応援するための制度はどんどん取り入れていくつもりです。

目標はシェアナンバーワン

現在の会社の雰囲気としては、仕事に対しては真剣そのものですが、メリハリがしっかりしていて、基本的な人間関係はフラットです。仕事柄、多人数での出張もあり、役職や年齢に関係なくみんな一緒にいることが多いので、「わちゃわちゃしている」といったイメージでしょうか。入社した頃は無口だった子が今では自分から話すようになったりしているので、雰囲気は悪くないと思います。

私としても、自然に醸し出るような良い雰囲気を大事にしたいので、基本的に口出しは控えています。私自身が年齢を重ね、この道に入って二〇年を超えるからか、最近は「笑って育てるほうが人は成長する」と思うようになりました。

会社を成長させるために私が考えなければならないのは、経営と現場のバランスです。小さな会社ですから、私も多くの時間を現場で過ごしています。経営に注力して現場から離れるほど、現場の温度感がつかめなくなり、自分の技術も衰えてきます。私たちの制服は作業着です。個人的にスーツを着て経営しているより、作業着を着ていたいという思いもあって、現場と経営にどういったバランスで取り組むかを模索している最中です。

会社としては五期目となり、幸い年商は約一・五倍ずつ伸びています。大過なく迎えることができれば、七期目が終わる頃に自社工場を持てると計画しています。最終的な目標は、ターンテーブルのシェアナンバーワンです。

17 建設業界におけるデジタル化の先駆者 紆余曲折を経て育まれた 経営哲学のもと、未来へ

大真エンジニアリング株式会社

代表取締役 **大地 一洋**

■ 〒001-0930 北海道札幌市北区新川810-1
Tel 011-790-8687
■ https://daisin-e.co.jp/

試練続きだった法人設立前後

当社は「工事部」と「システム部」で構成されています。「工事部」では空調や給排水、電気といった設備工事業を中心に、金属・塩ビ製品加工なども手掛けており、「システム部」はシステム開発やネットワークインフラの構築、IoT機器の開発や設置のほか、工事部の業務をサポートする役割も担っています。会社の方針としてデジタル化を推進しており、「デジタルとアナログを組み合わせた快適空間の創造」というビジョンのもと、日々の事業に取り組んでいるところです。

創業より二〇年の時を経て、今日に至るまでには、さまざまな紆余曲折がありました。私が個人事業をスタートしたのは二〇〇三年です。前の会社を退職するときに社長から請負工事での業務継続を打診され、次の職場が決まるまでの繋ぎのつもりで引き受けたのが創業のきっかけです。

請負工事を行っている最中、前社と別会社の間で仲介になることもありましたが、仲介先の会社が約束を守らないなど問題があり、穴埋めとして私自身が仕事を引き受けたりしました。こうして、繋ぎのつもりだった個人事業主を一年、二年と続けているうちに人脈も広がり、二〇〇六年の段階で法人化を決めて、二〇〇八年に大真エンジニアリングを設立しました。

しかし、法人設立からしばらくは本当に大変でした。

個人事業主時代の売掛金が未回収で資金繰りが厳しい時に、給与の支払いを二か月連続で遅延してしまいました。その結果、多いときで八名いた社員が二名まで減ってしまいました。その後、回復を図るべく売上増を目指して結果が出たのは良かったのですが、売掛金が約一年半で千数百万円の未回収損害を被る結果となりました。

諦めてしまったほうが楽だと数えきれないほど思いましたが、社員やお客様、取引先をはじめ、自分には関わってくださる方達をないがしろにすることはできないと前を向き続けました。

ピンチをチャンスに変えるにはリスクを凌駕する「意識」と「行動」が必要

二〇一〇年に事務所を移転したのが一つの転機でした。

それまでは自宅アパートの一室を事務所にしていましたが、札幌の新川に新たな土地を借りて事務所兼倉庫としてプレハブを二階建てで設置し、事業場所の基盤を構築。それに伴い事業を広げるための許認可関係の取得を進めていきました。

契約関係などの管理面を強化し始めたのもこの頃からです。

私は身近な人を信用してしまうところがあって、結果的に、それが損害につながっていました。

過去の経験から、今後、社員とともに成長していくには、そういった自分の弱さを克服する必要があり、まずは事務的業務を強化することが必須だと考えました。

行動しなければチャンスを掴むことはできません。

動けば動くほどリスクも伴いますが、その分、チャンスの可能性も広がる。それを念頭に置いて企業として必要な要素を地道に行い続けているうちに、少しずつ信頼できるお客様との取引が増えてきて、次第に会社としても利益を出せるようになっていきました。

それまでの過程で学んだことは私の経営の土台になっています。

自社の利益といった利己的な部分だけを追求するのではなく、顧客、社員、そして社会全体といった利他とのバランスを大切にしているのも、いろんな経験をしてきたからです。

工事業務ひとつを取っても、高い金額を提示して経費を抑えれば、自社に残る利益は増えます。しかしそういった利己的思想では、ユーザーからの信頼を得ることができず、関係性がその場限りになって長期的な成長にはつながりません。適正な価格と質の高いサービスがユーザーの満足度を高め、末永い関係性や次の仕事へつながっていくことで、会社にとっては持続的な成長につながるのだと思います。

周りに興味すら持たれなかった時代から「デジタル化」をスタート

現在当社の特徴でもあるデジタル化に取り組み始めたのは、二〇〇四年頃からです。高校卒業後の一九九五年頃、父に「パソコンを覚えたほうがいい」と言われたことが当初のきっかけでした。

私は「パソコンなんてよく分からないし出来ない」と否定的だったのですが、父がサブノートPCを購入してくれたので「とりあえずタイピングを出来るようになろう」とタイピングソフトで遊ぶ程度のところから始め、仕事でも活用してみようと請求書や見積書を作成するためのソフトを導入しました。

今でもDX化が遅れているとされる建設業界ですから、二〇〇五年当時、周囲はデジタル化の概念も知らず、誰かに興味を示された記憶もありません。

前例がないので参考にするロールモデルもいませんでしたし、インターネットも今ほど普及していなかったので、本を買いあさって使い方を覚えていきました。

「パソコンはきっと普及していく。そうしたら会社として何ができるだろう」。徐々にそういったことを考えるようになり、様々な経験を経て二〇一八年には社内にシステムサービス課を立ち上げ、対外的にサービスを提供できる準備を進めていきました。

「建設業で何がシステムサービスだ」と鼻で笑われる空気感もありましたが、それを恥ずかしいと思わないメンタルを持つことが大切だと考えて続けました。

ノウハウは着実に培われ、自社だけでなく業界の発展に寄与するために、二〇二〇年、現在のシステム部を立ち上げ、まずは無償で身近な同業者へのサービス提供を始めました。

デジタル化を進める最大のメリットは、社内における工事業務の効率化や品質向上を図れることです。例えば、クラウドと連携させたＩＣＴツールを活用すれば、現場からでもリアルタイムに進捗状況や部品の発注状況などを共有できます。ＥＲＰシステムを導入して情報を一元管理できれば、情報共有がスムーズになるとともにヒューマンエラーの防止につながります。

進むべき方向を決めるために「歴史」を紐解く

現状を見ると、建設業界は他業界に比べてＤＸが遅れていて、それが人材不足につながっている側面もあります。現場作業が中心のこの業界は、経営層や技能者の高齢化が進んでおり、デジタル技術の導入に抵抗感を持つ人が多く、必要性を感じてはいても導入や活用に踏み切れない企業が多いようです。

ＤＸは建設業界の在り方をどんどん変えています。

国のプロジェクトもあり、今後ますます、その動きは加速していくでしょう。

施工において完成イメージをVRで体験できるようになれば、行き違いが減って手戻りが削減できますし、ICTツールを使用する事により、打ち合わせや設計作業において場所の制約がなくなるなど働き方も変わります。

AIロボットを導入すれば人手不足の解消だけでなく、危険な作業や重労働をロボットが担い、作業の安全性と効率性が飛躍的に向上すると予想しています。


企業が導入を検討する際、自社にとってDXが本当に必要かどうかを決定するにあたり、最適な判断を「歴史」から得ることができると考えています。

例えば「謝罪」という行為ひとつをとっても、昔は対面で菓子折りを持っていくような形が主流でしたが、やがて電話が一般的になり、今ではメールでもOKになりました。

ひと昔前なら、謝罪をメールなんかで済ますな、と怒られていたでしょう。

今ではチャットやSNSで謝罪することもあるわけで、時代の流れとともに人々の感覚や意識が変わっていきます。

パンデミックや経済危機といった大きなテーマについても同様で、一見新しい問題に見えますが、歴史をたどっていくと類似の事例があり、それを現代に置き換えたとき、自分たちがどう行動すべきなのかが見えてきます。

人間は目先の情報を優先して捉える傾向があります。

現代は情報があふれる時代なので、大事なのは、自分たちのビジョンを踏まえて過去を振り返ることではないでしょうか。そうすれば、仕事の場面においても「言われたから使ってみる」とか「面倒くさいからやめる」ではなく、「これから主流になるのだから面倒くさくても早いうちに導入しようか」あるいは「まだ体制が整っていないから導入するのは時期尚早」というように進むべき方向が見えてくると思います。

失敗を恐れず「まっとう」に進む

当社の三原則は「挨拶・報連相・整理整頓清掃」です。

いくら良い結果が出せたとしても、事前に報告せず勝手に仕事を進めた場合等は、良いとは言えません。結果だけをフォーカスすると良いかもしれませんが、その過程で困る人がいるからです。整理整頓にしても自分が使ったものを放っておけば次に使う人が不快になり、そういった小さな積み重ねが不協和音につながってしまいますので「気づかい」と「伝達」を大切にしております。

社名の一部でもある「大真」の「真」には「真っ当」という意味を込めています。

嘘や隠蔽をせず、誠実に対応する事が信用信頼につながり、良好な関係に発展します。

創業からこれまでの私の経験から言えることですが、良好な人間関係を構築するには、「挨拶・報連相・整理整頓清掃」が重要になってきます。

当社は、基本的にミスをチャレンジの結果とするため、責めることはありません。チャレンジしたことを称賛します。

失敗したら怒られる、と感じるような職場だと縮こまってしまうので、社員のみんなには、「人のため」に考動することにやり甲斐を感じて、楽しんで仕事をしてほしいです。

「大変」という字は、つらいことや面倒な事ではなく「大きく変わる」という意味です。

コロナ後という大きな変革期を迎えている今、日本が失われた三〇年を経て輝きを取り戻すためのチャンスです。

建設業は、社会的インフラを支えるうえで重要な役割を担っています。

アナログとデジタルの最適なバランスを追求し続けながら、建設業という魅力ある産業が進化していく一端を担い続けて行きます。

18 「壊す」にとどまらない解体工事会社 ITを織り交ぜて顧客の思いに寄り添う

株式会社Re.RISE
代表取締役　北木 康裕

■〒730-0805　広島県広島市中区十日市町2丁目3-27-501
Tel 082-569-5407
■ https://rerise.work/

モットーは「来たときよりも綺麗にして帰る」こと

当社は広島を拠点に、解体工事から外構・造成工事までをワンストップで手掛けていて、空き家問題の解決に向けた活動もしています。また、企業としてIT関連のコミュニティに所属し、技術を積極的に事業に取り入れていることも特徴です。

「解体屋」に対して、「壊す」あるいは「散らかす」といったマイナスのイメージを持たれる方もいらっしゃると思います。残念ながら、近隣に住む方のことを考えず周囲にゴミをまき散らしたり、産業廃棄物を野山に捨てたり、そういった解体業者が一定数いるのも事実です。

解体工事は壊すことだけが目的ではなく、新しいものを作るための地盤作りという側面を持ちます。地域の発展や人々の豊かな暮らしに欠かせないこの仕事に、私たちは誇りを持っていて、業界に向けられているマイナスイメージを払拭することができたらと考えています。

私は十代半ばから解体業界一筋でやってきました。前の勤務先に一〇年以上勤めた後、三〇歳を前にした二〇一四年に個人事業主として創業。二〇二二年に法人化しました。

来たときよりも綺麗にして帰る。それが当社のモットーです。前職の社長からこの考えを徹底的に教え込まれたこともあって、私が一人の職人である頃から今日に至るまでずっと大切にしています。工事中に発生する粉塵や騒音がおよぼす周囲への影響を最小限に抑えることはもちろん、工事後は敷地内だけでなく周辺道路も丁寧に清掃します。それを若手からベテランの社員まで徹底しており、自己満足で終わることなく、お客様や近隣の方々から「綺麗になった」と言っていただけることを目指しています。

ワンストップ工事によりコストを二、三割節約

事業における当社の特色は、業界歴二〇年以上の中で築いてきたネットワークを生かして他社と連携しながら、解体後の外構工事や造成工事まで手掛けることができる点です。

工事をワンストップで対応できることの大きな利点が、コストの節約です。通常であれば、解体工事が終わった後に造成工事をするので、そのタイミングで業者が替わり、重機の入れ替えも発生します。ワンストップで対応できれば、解体で使用した重機をそのまま造成に使うことで、機材の搬入出コストが必要以上にかからず、工期が短縮できるので人件費も抑えられます。結果として、お客様から頂く料金をトータルで二、三割節約することができ、金額で考えると一〇〇万円単位で変わってきます。

業界のマイナスイメージにも関連してくるのですが、この業界には、エンドユーザー様が内情を知り得ないのをいいことに、不当な額を請求する業者がいます。当社は、工事費

用を最小限に抑えられる点に加え、かかる費用の内訳についても事前に詳しく説明することでお客様に安心していただくことを重視しています。工事代がいくらで、処分代がいくら、とできるだけ細かく見積書に記載したうえで、お客様にお渡しする際にはすべての金額の根拠を説明しています。

「解体後の土地をどう活用するか」という点で悩んでおられるお客様への対応も可能で、実際、そういった相談は少なくありません。当社には建築士や建築の業務経験者がいるので、新築住宅や駐車場など土地の活用方法についてご提案することができますし、不動産業者と連携しながら、賃貸活用や土地の売却といった複数の選択肢をご用意できる体制をとっています。

業者とお客様をつなぐサイトで業界全体の健全化を

これから新たに開始するサービスは、解体業者とお客様をつなぐマッチングサイトです。実は、このサービスをつくることが、法人を設立した大きな理由でもありました。

解体業のマッチングサイト自体はすでに存在していますが、そのほとんどが「つなぐ」部分だけに特化していて、その後の管理やフォローまではしていません。一方で、マッチング後にトラブルが発生して悩まれるケースが案外多く、私もかねてより耳にしていましたので、その点をカバーできるサイトを作ろうと取り組みを始めました。

リリースするサイトでは、マッチング前に当社が業者を審査しますし、マッチング後に工事が完了するまでの過程も管理します。工事に必要な保険や許可などをすべてチェックしたうえで、登録業者さんが出した見積りに妥当性があるか確認することで、業界全体の健全化につなげることができたらと考えています。

マッチングサイトは最初に広島県版だけリリースしますが、そこから各都道府県版へと広げていく計画です。地域の不動産会社にもつながっており、空き家の相談などにも活用いただけます。

IT面に関連した取り組みについて加えると、当社は広島県にあるので、遠方のお客様に対応するためにビデオ会議ツールでの打ち合わせやLINEでのやり取りも行っています。

最近、首都圏に住んでいるお客様から、空き家になっている広島の実家をなんとかしたい、といった内容のご相談が増えています。Webで打ち合わせできる地元の業者を探しているうちに、当社のことを見つけてくださるケースが多いようです。お客様の中には仕事で忙しくて日中は時間を確保するのが難しい方も多いので、場所や時間を選ばないWeb面談やLINEでのやり取りに好評をいただけています。相談を経てご依頼を正式に頂けたら、その後の進捗状況をメールやLINEで随時報告していますから、遠方にいながらも安心感を持っていただけているようです。

Web3.0を活用し解体した自宅をスマホに復元

当社がこれから事業に本格的に取り入れていこうと動いているのが「Web3.0」のテクノロジーです。これは、ブロックチェーン技術を基盤に分散型ネットワークを構築する仕組みなのですが、中央集権的な管理者がいないので、ユーザー同士が直接つながり、データを双方向で所有することができます。

実際に今準備を進めているのは「ＡＲ（拡張現実）」の技術と融合させて、解体したご自宅をお客様のスマホ内に復元させるサービスです。すでに当社に解体をご依頼してくださったお客様に写真による復元サービスを無償提供していますが、今後は３Ｄで復元できるよう進化させていきます。

解体前の打ち合わせのとき、「私が生まれ育った家なんです」というようにご自宅への思いをお話しされる方がよくいらっしゃいます。どんな家にも暮らしていた方の思い出が詰まっていますから、お気持ちとしては残したいけれど、税金面の負担から泣く泣く解体という選択をされる場合もあります。私たちは、そういったお客さまの思いに寄り添いたいと思っています。サービスを提供したお客様からは感謝のお言葉を頂いており、当社としてもお客様の笑顔を拝見できると嬉しくなります。

Web3.0関連は今後さらに進展させたいと考えていて、海外の業者と連携しながら具体的な取り組みを計画中です。まだまだ模索段階ですが、Web3.0の仕組み上、複製や改ざんはほとんど不可能なので会員証などに活用できますし、情報がブロックチェーンに刻まれて連結されるため解体管理や解体後の更地の管理にも使用できたりと、さまざまな使い方ができると見込んでいます。

時代に合わせた教育で若手の成長を後押し

以前の建設業界では、社員を教育する際には、徹底された上下関係のもとで頭ごなしに指導することが一般的でした。常に危険と隣り合わせの現場で、今より重機の少ない時代ですから体を張って仕事をすることが多く、ちょっとした気の緩みが大きな事故につながっていました。当時は、キツイ言葉遣いは当たり前、時には叩いたりということもありましたが、私自身はそういった時を経て成長できたので、厳しい言動の背景に教える側の想いがあることを知っています。けれど今の社会の在り方を考えると、古い体質のままでは人材も離れてしまいます。

当社が日頃から心がけているのは、お互いを尊重し合う環境づくりです。経験が浅い社員には、見て覚えろ、ではなく上司が付いて教えますし、若手の声にも耳を傾けるようにしています。もちろん、現場に危険が潜んでいることは変わらないので、仕事に対しては昔と同じ厳しい目で見る必要がありますが、言葉づかいや接し方については気遣うようにしています。

企業としてのこれからの目標は、「お客様に安心して任せていただける総合建設サービス会社」になることです。現在は解体や造成、外構工事が基盤事業ですが、これからは新築工事も本格的に手掛けられるようになって、新しいものをつくり出すプロセス全体に関わることができたらと思っています。解体という仕事は「壊す」だけでなく、「次につなげるためのステージ作り」ですから。

19 二十代で代表を継ぎ苦境からの出発も先を見据えた「人への投資」で成長を続けてきた

南西空調設備株式会社

代表取締役社長　久高 将泰

■〒900-0004　沖縄県那覇市銘苅1丁目10番12号

Tel 098-864-1125

■https://nansei-air.co.jp/

「血管」に例えられる建物に欠かせない仕事

当社が主としている事業は、管工事と空調メンテナンスです。管工事はガスや水、水蒸気などを送るために配管を設置する工事のことで、空調や冷暖房、給排水がこれにあたります。

建物を人の体になぞらえて、管はよく「血管」と表現されます。血管が体内に血を循環させることで心臓と臓器が相互に機能しますが、それと同じように管は、建物が建物であるうえで欠かせない役割を担っています。当社の所在地である沖縄県においては、空調が人の生活を支える命綱だといっても過言ではないので、整備する重要性を日々実感しています。

一般的に管工事は新規のお客様を開拓することが基本で、この場合は一発勝負のような側面のある単発案件になります。当社ではメンテナンスにも対応しているため、多くの場合、施工したお客様の定期点検を担わせていただきます。定期点検は年間契約が基本なので「このくらいの粗利を確保するにはあと何件」というように経営の予測が立てやすく、何より一度ご縁のあったお客様と継続的な関係を築くことができます。このように開発型ビジネスとストック型ビジネスの双方を持っていることが、当社の強みです。

私は二八歳で代表を継ぎ、現在四〇歳になりますが、会社として安定感が生まれてきたのはここ五年ほどのことです。事業を成長させるうえで多くの困難があり、家族から心配されるほど考え込んだ時期もありましたが、「人への投資」を最重要に位置付けることで今日まで歩んでくることができました。

数年後のことを考え三三歳で組織改革を敢行

南西空調設備は、経営難に陥った会社を当時勤務していた私の父が買い取る形で一九七二年にスタートしました。このとき父は一億五〇〇〇万円ほど借金をしたと聞いています。仕事一筋で、マイナスから会社を築き上げていく父の姿に、いつの間にか私は尊敬の気持ちを持つようになっていました。

鹿児島県の自動車整備工場で働いていた私が南西空調設備に入社したのは、二五歳のときです。手に職をつけたい、という私個人としての判断で、入社後は現場の一社員として勤務していました。

二八歳のときに代表に就任することになりましたが、元々は他に代表を継ぐ予定の人がいて、体調不良などが重なったことで、父が息子の私を経営者として育てるほうに舵を切ったそうです。息子といえど仕事においては一切ひいきなどしない人でしたし、そういう父が選んだのなら期待に応えようという気持ちでした。

しかし、私の経営者人生のスタートは厳しいものでした。社長就任にあたって、ついていけないと数名が退職し、残った社員のほとんどが私より歳上です。社内環境も良いとはいえず、なかでも古参社員の仕事に対する意識の低さは組織の根幹にかかわることでした。

変わってくれればと、ことあるごとに声をかけました。対話を重ねることで、お互いに歩み寄れればと思っていたのですが、状況は変わりません。組織改革をしたのは私が三三歳のときでした。当時のベテラン社員をヒラに降格し、それに伴って後に五名が退職しました。

他に方法があったかもしれないし、申し訳ないことをしたという気持ちもどこかにあります。それでも会社の五年後、一〇年後を考えたとき決断するしかありませんでした。

その後、新たな仲間を採用したとはいえ、会社としては長年売上を作ってきた力を失ったわけですから、現場は大変だったと思います。だからこそ、残ってくれた社員を絶対に幸せにしようと決め、前を向き続けました。

予定より五年早く最大の目標を達成

私が代表を継いだときの目標は、売上一〇億円を達成することでした。それは父がずっと追い求めてきた数字で、この業界で一〇億円といえば、市場規模を踏まえると建築業の一〇〇億円と同程度のレベルになります。

達成できたのは組織改革から二年後、私が三五歳のときでした。会社にとって大きな戦力を失った後、雨降って地固まるというように会社がひとつになっていました。社員がこれまで以上に頑張ってくれて、いろいろなタイミングが運よく重なったからこそ達成できたのだと思います。そのときの決算ボーナスは過去最高額で、社内は大いに盛り上がりました。

父は「それだけのお金と人が動いている以上は、運といえど運ではなく、実力がないと」と言っていて、その言葉は私の自信になりました。それ以降、数字といった客観的な指標はもちろん、自分の直感や感覚をより重視しながら、経営に徹するようにしています。

私が三十代のうちに心がけていたのは、固定観念を捨てるために、毎日一人でも多くの方と会って、さまざまな考え方に触れること。そして、どんな考え方も一度受け止めてみることでした。自分への戒めの気持ちもあって、食事ひとつをとっても、部下を顧みず真っ先に食べる、いただきますやごちそうさまを言わない、片付けをしない、などがないようにしているのですが、そういう人として当たり前のことを大切にするためにも、周囲の声を常に受け入れる姿勢が必要なのではないかと思っています。

営業職は置かず「仕事が仕事を呼ぶ」という意識で

当社では営業専門の社員を置いておらず、一人ひとりが営業職でもあると考えています。顧客の開拓をするわけではなく、横のつながりが強い沖縄では、仕事に真摯に取り組んでお客様に満足していただくことができれば、誰かを紹介してくださるケースがよくあります。ですから「良い仕事が次の仕事を呼ぶ」という視点を大切にしています。

次の仕事を呼ぶ流れを作るために意識しているのが、できない理由ではなく、できる理由で答えることです。「今週現場に行ける?」と聞かれたとき、「行けません」だと会話が終わり、相手をネガティブな気持ちにさせてしまいますが、「今週は難しいですけど、来週なら行けます」と可能なことを応えれば、会話も気持ちも前に進みます。普段選択する言葉の一つひとつが、結果的にお客様からの信頼につながるのではないでしょうか。

不平が溜まっているときは言葉がネガティブになりやすいので、普段から言いたいことは言おうと社内で伝えています。正しいか、間違いかは重要ではありません。自分の頭で考えたことを言葉にして、お互いの距離が近づいたり、意見を擦り合わせたりできればいいのです。「やっぱり言っておけばよかった」と後から後悔しないように、オープンに言いたいことを言ってもらいたいと思います。

「年間休日」で沖縄トップを目指す

二〇二四年の春、突然四人の社員が退職することになりました。この数年は退職者が少なかったので、それぞれの人生を応援しながらも個人的には落ち込んでしまい、この機会に要因を探ってみようと考えました。

これと関係しているのか分かりませんが、近年、沖縄には外資系企業が増えていて、県内水準よりかなり高い賃金で求人をかけているようです。いずれにせよ、この流れが続くのであれば、当社としても労働条件をさらに良いものにする必要があります。

そこでまず、賃金テーブルを抜本的に見直し、全員の給与が一〇パーセントアップするように調整しました。同時に、一定の職種についての労働時間を短縮させています。特に力を入れて進めているのは、「年間休日一四〇日以上」にすることです。求人の手続きをしているときに気が付いたことなのですが、当社はこれまで年間休日が一二五日ほどで、求人会社の担当者から、すでに県内の同業種でかなり多いほうだと聞きました。

単純な発想ですが、「だったら、沖縄で一番休日の多い会社にしよう!」と目標を定め、現在、社員とともに制度を整えています。

「人は有限だけど会社は無限」

今後のこととしては、後継者がいない会社さんの事業についての対応を検討していて、会社ごと当社が引き継ぐ取り組みを進めたいと考えています。地域には「その会社だから」仕事を依頼しているお客様がいますし、過疎地では一社が地域の人々の暮らしを支えているケースもあります。ですから、会社ごと引き継いだうえで、当社で育てた人材を各社へ送り込んでいけたらと思います。

「人は有限だけど会社は無限です」。先日、ある会社さんとM&Aのお話を進めている最中に私がふと口にしたこの言葉が、先方の社長さんには印象的だったそうで、ぜひ当社に任せたいと言っていただけました。とにかく人さえ大切にすれば、会社はいかようにも続けられると考えています。

二年前、会社の設立五〇周年を祝ってCMを制作したとき、制作スタッフの方々が「社員の皆さんが生き生き働いてますね」「今時珍しいですよ」と口を揃えて言ってくださったとき嬉しくなりました。これからも仲間たちとともに、個人として、会社として成長していきます。

20 不況やピンチこそ、新たなビジネスが生まれるチャンス

アーステップ株式会社

代表取締役 **迫田 秀幸**

■〒460-0003　愛知県名古屋市中区錦一丁目20番12号 伏見ビル6階

Tel 052-212-7174

■https://www.earthtep.co.jp/

検品・修整で、衣料品や雑貨のクオリティを上げる

当社は主に、衣料品や雑貨類の検品、修整やピッキングといった多岐にわたる物流業務を、ワンストップでトータルに行っています。アパレル業は国内メーカーであっても、生産のほとんどが海外です。現地で技術指導を行い、製造ラインを整えても、不良品はゼロにはなりません。一般的にイメージしやすい汚れやシワの他、例えば黒い布地の服に白い糸が混入する「飛び込み」と呼ばれる欠点があったり、ジャケットの身頃と袖の色が違っていたり、アイロンでは消せないしわが付いていることもあります。もちろん現地工場で出荷時に検品を行っていますが、それでも何万着と製造される衣料品には、必ずと言っていいほど不良品が混入します。生産国から届いた商品を検品し、不良品を見つけ出し、修整、修理して再出荷するのが私たちの仕事。クレームや返品のない高品質な商品を送り出すことで、メーカーの信頼やブランドイメージを陰で支えていると自負しています。

一般的に検品から修整、出荷に至る工程は、複数の事業者に分業されています。検品だけ行う会社、修整・修理の専門業者、物流会社など、ほとんどが一つの工程に特化した事業者ですので、発注者は工程ごとに個別に依頼することになります。アーステップではこれらの工程を全て自社で対応。商品の受け入れから検品、修整を経て、梱包、発送に至るまでの全てをワンストップで対応しています。作業のクオリティにも妥協はありません。

当社にはキャリア三〇年、四〇年のベテラン職人が複数人在籍しており、高いレベルの技術が求められる商品修整・修理は最も得意とするところ。迅速でスムースな対応だけでなく、クオリティの高い業務を提供することにも力を注いでいます。

世界に誇る日本の品質管理と精度を実現するため起業

私とアパレル業界との関わりは、大学卒業後にテキスタイル商社に入社した時からです。アパレルメーカーとともに生地の企画や生産、販売を手掛け、その後に衣料品の検品、修整を行っている会社に転職しました。二〇一二年、取引先企業の生産工場があるミャンマーに検品の会社を立ち上げ、現場管理をしながら営業活動も行っていました。およそ三〇〇人の従業員を現地採用し、検品や修整の技術指導を実施。教育熱が高く意欲的な国民性でしたので、ある程度のレベルまでは仕事ができるようになるのですが、検査レベルにおいて、日本のメーカーが求める品質基準を満たすまではなかなか到達しませんでした。

当時のミャンマーは軍事政権から民主政権に変わり、非常に活気に満ち溢れていましたが、諸事情あり、志半ばで二〇一七年に帰国しました。その時、私の心にあったのは、ミャンマーでは成し遂げられなかった高品質の検品や修整を実現したいという思いです。かねてより懇意にさせていただいている社長様から、岐阜県で、現在の岐阜ファクトリーとなる社屋をお借りし、人材確保、教育など、約一年の準備期間を経て二〇一八年一二月にアースステップを設立しました。

コロナがもたらした転機、業界の連携と情報共有が進む

創業当時は、これまでに築いてきたビジネス人脈から受注を積み重ねていきました。取引先が増え、業務の範囲も拡大していくと、少しずつ近隣の同業社と連携することも増えてきました。

そこで気づいたのは、この業界は小規模事業者が多く、共有される情報が少ないこと。できる仕事は自分たちだけでやりたがる一方で、他社と協力して大きな案件を受注しようという動きがなかったのです。私は自分の経験から「お客様が増えればできることが増える」「取引先を増やせば情報も増える」ということを知っていましたので、ビジネスを広げようとしない業界の商慣習に疑問を感じていました。

転機が訪れたのは二〇二〇年。新型コロナウイルス感染症の拡大により、世界経済は大打撃を受けました。アパレル業界の生産規模縮小や操業停止などにより、この業界も売上げが激減しました。しかし、検品を必要とするものは衣料品だけではありません。物が作られていれば、検査する物もあるのです。何が売れているのか、何が作られているのか。

市場を観察すると、不織布マスクや防護服が大量に作られ、流通していました。何千万枚というロットのマスクや防護服は、一社だけではとうてい扱いきれません。同業社でスクラムを組み、検品、袋詰め、物流の体制を構築しました。結果としてコロナ禍で倒産した同業者はゼロ。みんな生き残ることができました。

中小企業の共存共栄は、企業間のコミュニケーションが不可欠

中小企業が自社単独でビジネスを広げていくのには限界がありますが、分業のネットワークがあれば大量受注も可能になります。逆に言うと、協力工場さえあれば、多量の受注量を捌くことが可能になります。同業社の多くは現場業務に特化していて、営業活動が手薄になりがちです。年間を通じて安定的な受注をしたいと思っていても、繁忙期と閑散期が生まれます。閑散期に受注を維持しようとすれば、営業力は不可欠です。営業が得意な当社が窓口となって大型案件を一括受注することで、業界全体の底上げになればと思っています。

業界内でスムーズな分業体制を築くには、良好なコミュニケーションが欠かせません。トップ同士はもちろん、現場同士の意思疎通も重要ですが、会社によって、品質も納期もスピード感もギャップがあります。私たちの企業グループでは、相互に話し合ってベスト

な落とし所を探るために、現場マネージャー間の交流を積極的に行っています。我々の取り扱い業務は、大きなものになると到底一社で対応できるものではありません。取引上は発注する側、受注する側となりますが、受注側の会社を決して「下請け」と呼ぶことはありません。ともに事業を行う大切なパートナーですので、あくまでも対等な関係でいるように、社員の意識づけを徹底しています。

対等な関係は、私たちのグループ間だけでなく、お客様企業に対しても成り立つものと思っています。お客様の要望は、三者横並びで対応策を協議。問題が発生したときも、お客様も私たちも同じ当事者として、最善の対処方法を見つけるように働きかけています。こうしたお付き合いが、日常的にお客様の困りごとを共有できる体制となり、素早い対処と的確な提案につながっています。

不況の中にある商機を生かすための人づくり

不況が長引き、近年は物価高が追い打ちをかけ、消費は冷え込んだままです。コロナ禍以降、現在も物が売れない時代が続いています。ただ、コロナ禍でも必要な物資は流通していたように、物が売れない今も、売れないなりに何かが動いています。そして、物が動いていれば、私たちアーステップがお役に立てる仕事はあるのです。

アパレル業界に「いい時」があったという記憶はほとんどありません。この数十年の間に、わずか数年あったくらいで、あとはずっと不況でした。幸か不幸か、お陰様で不況に慣れ、不況に負けない業界になりました。例えば、紳士向けのスーツの売れ行きが良くありませんが、その一方でカジュアル寄りのビジネスウェアやワークウェアの人気が上昇しています。何かが落ち込んでも、必ずその代替品が出てくるのです。業界のトレンドがめまぐるしく変わりますが、常に何かが動いています。そこに私たちの存在価値があるのです。

当社が五期目となった二〇二三年に初めて「事業を続けてきてよかった」と思える業績を残し、明るい展望が見えてきました。六期目の今期は、前期比二五パーセント増の売り上げを達成しました。

当社の強みは、検品や修整の技術。いわばマンパワーを売りものにしている会社です。従業員を大切にすることが、会社の繁栄につながるのです。キーワードは「健康第一、安全第一、ご家庭最優先」。経営の本質はあくまでも「人ありき」だと思っています。そしてこれからは、会社の未来、業界の未来を背負って立つ人の育成にも力を入れなければなりません。

当社の高い検品、修整レベルを担保しているのは、経験豊かなプロの技術者です。その技術者たちも、今やほとんどが五十代、六十代に差しかかり、技術継承者の育成が急務となりました。これは七期目の重要課題でもあります。工業系の学科やファッション系の学科を卒業した人だけでなく、もっと視野を広げて普通科や文系の出身者にもアプローチしたいです。二十代、三十代の若者たちが潜在的に持っている「職人願望」を掘り起こし、育てていきたいと思っています。

急成長ではなく安定成長、異業種とのコラボも視野に

意外に思われるかもしれませんが、事業が安定してきた今、最も力を入れていることは、仕事の精度を上げることです。クレームゼロを目標に事業を進めていますが、お客様のご要望に至らない仕上がり品があったり、説明不足だったり、どんなに気をつけていても、人がやる仕事なのでミスは起こるものなのです。だからこそ、お客様の立場になって仕事の精度を上げていかなければなりません。

業績が上がると、高性能な機械や大型機械を導入しないのかと聞かれることもありますが、無理な投資や投機はしないと決めています。急成長は望まず、一〇パーセントの成長を毎年繰り返すための計画を立てています。かといって、新たな挑戦から逃げるつもりはありません。創業直後は特に「やってみないと分からない」という手探り創業、手探り経営でした。「失敗してもいいんだ」という気持ちで、トライアンドエラーを繰り返したお

陰で今があります。身の丈にあった挑戦は、どんどんしていくべきでしょう。当社も今後は、繊維や雑貨だけでなく、食料品や美容、介護、農業など、異業種とのコラボができないかを検討中です。これまで培った検品ノウハウを生かして、新たなフィールドに可能性の種をまきたいと思っています。

ビジネスチャンスが訪れるのは、ほんの一瞬。その瞬間に判断を迫られるのが経営者です。私が判断の基準にしているのは収益性やリスクではなく、「人として正しいかどうか」。この軸がぶれなければ、どんな局面でも即断・即決・即実行できるのです。迷いのない経営は、従業員の意識にも浸透中です。彼らもまた、お客様に対して「人として正しい」行動で信頼を勝ち取ってくれるものと期待しています。

21 研究者から始まったキャリア 成長を求め続けた先にあった AI分野の事業者という道

株式会社ＳＴＡＲ ＡＩ

代表取締役 吉田 学

■ 〒530-0001　大阪府大阪市北区梅田1丁目2番2号
大阪駅前第2ビル12-12

■ https://star-ai.jp/

お客様の課題に応じ最もコスパが良いソリューションを提供

当社は現在、AIを活用して企業様向けのサービスを提供しています。特定のプロダクトは持たず、お客様の課題に応じて最もコストパフォーマンスが高いソリューションを見出し、ご支援できることが特徴です。

例えば、新商品の最適な料金設定をしてほしいとのご依頼があったとします。料金設定は、安くし過ぎればお客様は増えますが粗利が減り、逆に高いとお客様は他社商品へ流れやすくなります。料金をどれくらいにするのが最も収支が最大化するか。新規顧客の獲得を予測するAI、離脱顧客を予測するAI、商品に伴う会社としての支出を予測するAIなど複数を駆使し、これに関連する他要素のシミュレーションなどを加味して分析します。こうして獲得したデータからの示唆によってお客様に意思決定していただき、実際に運用していただくという流れになります。

私は理系の研究者としてのキャリアを経て、この業界に入りました。研究畑にいた頃は、自分は研究が好きなのだと思い込んでいましたが、それより人に影響を与えるのが好きだということに気付いてから、キャリアが変わっていきました。

AI技術に関連した賞をいただいたり、国内外で三〇以上の特許を取得したりしてきましたが、根底にあるのは「世の中の人に使ってもらいたい」という思いです。同時に、会社としては、その利益を考えつつも、お客様に満足いただけるものを提供できるよう品質にこだわり続けていきたいと考えています。

研究に没頭した日々からクライアント対応の最前線に

私は宇宙が好きで、早稲田大学の創造理工学を専攻し、大学院修了まで研究に没頭しました。小学生の頃から理科系の科目が得意だったのですが、社会はてんでダメでしたね、「風が吹いている日に場所によってピアノの音が聞こえたり聞こえなくなったりする」ということが気になって幼いながらに調べたりした記憶があります。

探求心が旺盛な子どもでしたし、のちに研究者という道へ進んだのは半ば自然な成り行きだったと思います。大学院生の頃は、将来ノーベル賞を取るんだと意気込んでいて、自分が会社を興すなど全く予想もしていませんでした。

二〇一〇年、大学院を出てNTTの研究所に入社しました。「国内最大規模の研究開発力のあるところへ入りたい」という強い気持ちがあり、面接でもノーベル賞を取りたいと無邪気に言ったことを覚えています。

入社後に配属されたのは理学領域とは異なる、データ処理といった工学系の領域で、これがAIやデータサイエンスの道へ進む出発点になりました。在籍していた二年間は論文を書いたり、学会で発表したりしました。

研究の道にいる人の多くは、技術ができたとき「もっと磨いていこう、世界一を目指そう」と考える傾向にあるのですが、私は「この技術をみんなに使ってほしい」「世の中をもっと便利にしたい」という思いがあり、それは次第に強くなっていきました。「研究を重ねるより、世の中で活用できる状態にしたい」という考えを口にして、上司とぶつかることもありました。最終的に、人事部の方に無理を言って、株式会社NTTドコモに転籍。お客様と直接接する部署に配属してもらいました。

誰もやりたがらない仕事を突き詰めると自分しかできない仕事になる

転籍した当初は、まったく仕事についていけませんでした。私にはビジネス経験がなく、技術はあっても、それはサービスの一部にしかすぎません。組織にバリューを出せない自分はどうなんだろうと悩んだりしましたが、量でカバーするしかないと思い、今の時代では考えられないほど、死ぬほど働きました。

コピーを取るといった誰でもできる仕事、誰もやりたがらないような面倒な泥臭い仕事もすべて自分で巻き取っているうちに、業務を細かな部分まで把握できるようになり、やがて自分にしかできない知識や仕事を持てるようになりました。頼られる機会が増えて人脈が広がり、仕事の上で自分が提供できることが増えてくると、教えてもらえることも増え、社内での立ち位置や人との関係性も変化しました。

自分の可能性を広げようとアクセンチュアに転職したのは二〇一九年です。管理職として採用していただき、部下を抱える立場からのスタートでした。しかし、アウトプットがとにかく重視される環境に最初は慣れず、このときもまずは仕事量で自分のバリューを出そうと、ひたすら働きました。朝方まで働いてタクシーで帰り、二時間寝たら出勤する。そんな生活を半年、一年と続けているうちにスキルがついてきて、仕事もずいぶん楽に回せるようになりました。当時の優秀な部下に感謝です。

アクセンチュアでは約三年働き、これまでに五〇以上のAIプロジェクトに関わりました。大手企業なのでお客様との関係が築きやすい一方で、私のバックには常に会社という看板がありました。仕事の出来が悪ければ代わりの社員はいくらでもいます。会社という組織に属している以上、当然のことなのですが、お客様との関係性に希薄さを感じてもいました。

大前提として、最初に就職したNTT、多くの経験をさせていただいたアクセンチュアには本当に感謝しています。けれど私は、お客様に信用してもらい、仕事に全力を注いで期待に応えるという関係を積み重ねていきたいと思いました。お客様に価値を提供することで「また吉田さんにお願いしたい」と信頼を積み上げていきたいと考え、株式会社ST

ＡＲ ＡＩを設立しました。

一打席でお客様の期待を上回る結果を出す

私の仕事に対する考え方の基礎は、ＮＴＴからＮＴＴドコモに転籍した直後の上司から教わりました。スポーツ好きな方で、「自分の打席は何回も回ってこない。一打席で結果を出せ」「自分でポジションを取りにいけ」と仕事に対してとてもストイックでした。企業人としてのプロ意識を目の当たりにして、研究畑しか経験のなかった私は考えさせられることばかりで、必死についていきながらビジネスの「いろは」を身に付けました。その上司とは今でもたまにお会いするのですが、いまだに学ばせていただくことばかりです。

お客様がお金を払って仕事をご依頼してくださるのは「期待」があるからです。期待を下回る仕事をすれば次はないし、上回れば次へつながる。期待値を超え続けることがプロであるという感覚が私にはあります。ですから仕事においては一切妥協しません。期待値に一〇〇パーセント応えることは当たり前で、お客様の期待に一二〇パーセントでお応えすることをモットーにしています。

未経験の高卒社員が入社四か月目で大手企業に価値提供

まだまだ若い当社ですが、ありがたいことに多くのご依頼を頂き、創業一年目で社員は一〇名を超え、二期目に二〇名を超える計画です。

当社の社員に学歴は関係ありません。基本は、考え方が前向きで、アウトプット思考、そして結果にコミットできる人。業務経験が全くないと厳しいかもしれませんが、ある程度のリテラシーと、あとは本人のマインド次第でいくらでも成長すると思います。実際、当社には高卒の仲間がいますが、実案件に対応する中で瞬く間に成長し、未経験から入社四か月ほどで大手企業に価値提供ができるくらい結果を出しています。

当社の組織づくりのテーマは、社員が自分のキャリアを振り返ったときに「STAR AIに入社して良かった」と感じてもらうことです。そのための取り組みのひとつとして、社員がパフォーマンスに集中できる環境を充実させることに尽力しています。

また、会社としては、「STAR AIで三年勤務したらAI分野で実力がある人」といわれるような姿を目指しています。言い換えると、当社に在籍していることが社員のキャリアアップにつながるような会社です。そのためには、会社を成長させながら、お客様により大きな価値をご提供することが必須になります。自分を信頼してくれた仲間と、そしてお客様に仕事を通じて確かな価値を与えられるように励んでいきます。

環境を変えた先で必死に頑張ったから今がある

会社としての今後は、事業の幅を広げつつ、ＡＩや技術で自動化する部分と当社の強みである「信頼」をうまく共存させたいと考えています。実際にアンケート対応の自動化ツールや、バナーやＬＰ（ランディングページ）のデザインを自動生成するＡＩなどを展開しています。

現在、ＡＩは生成ＡＩのブームもあり、提供している価値に見合わない高額な価格が設定されていることがあります。こうなると、中小企業の経営者様は頼りたくても頼れなくなります。遠くない将来、不釣り合いな高額設定は自然淘汰されていくでしょうし、業界全体として適正化が進んでいくのではないでしょうか。当社としてもコスパを重視したサービス・価値を提供していくことで、価格の適正化を後押ししたいと考えています。

自身のキャリアを振り返ると、成長したいと考えて環境を変え、死に物狂いで乗り越えて、また新しい環境へ、というサイクルを繰り返してきました。その原動力はなんだったのだろうと考えると、「人」であることに思い至ります。その時々に出会った方々に、私と関わって良かったと思ってもらいたい、期待に応えたいという気持ちがあったからこそ、ここまで迷うことなく来ることができました。

ＡＩの分野は技術が目まぐるしく進化し、中長期的な流れを予測することは困難です。

だからこそ「人」を大切にし、目の前のお客様に期待以上の価値を届ける。真摯にそれを積み重ねていけば、これからどんな時代になったとしても、会社は自然と育っていくのではないでしょうか。

22 ビジネスの本質は「人のために」
―経営者のベクトルが社会を変える

PROFIT SHIP株式会社

代表取締役 倉井 智也

■〒107-0061　東京都港区北青山1-3-1　アールキューブ3F

Tel 03-6685-3678

■https://www.profitship.co.jp/

中小企業の情報格差解消を目指し、経営支援事業を展開するPROFIT SHIP。同社代表の倉井智也氏は「人のため」という軸を持つことで、経営の質が変わると説きます。失敗を経験し、二万人との関係構築を通じて気づいたビジネスの本質とは。そして、なぜ「先々のありがとう」にこだわるのか。経営者としての原体験から、未来を見据えた経営哲学まで、その軌跡を伺いました。

情報格差を超えて、経営に新たな価値を

私たちPROFIT SHIPは、「経営に役立つ価値あるものを発掘し届ける会社」として二〇二〇年六月に設立しました。ミッションに掲げているのは「経営に、新たな価値を提供する」という言葉。経営者は常に新しい情報を得て判断を下す必要がありますが、世の中には価値ある情報であっても、一部の人しか知らないものや発見しにくいものが数多く存在します。そういった価値ある情報を発掘し経営者に届けることで、経営の可能性を広げ、成長を支援していきたいと考えています。

ビジョンには「志ある経営者が、情報格差を乗り越え、本領を発揮できる社会を実現する」ということを据えています。中小企業は日本の経済を支える重要な存在ですが、大企業に比べて情報格差があることが課題となっています。私たちは、志ある経営者が情報格

差を乗り越え、本領を発揮できる社会を実現することで、豊かな日本社会の創出に貢献していきたいと考えています。

挫折と気づきを経て経営者へ

振り返ってみると、「経営者になりたい」という思いは、高校生の頃に芽生えたように思います。きっかけとなったのは、当時の政治経済の先生の言葉。私は学生時代、ルールに縛られることに違和感を持っていたのですが、その先生は「ルールに縛られたくなければ自分でルールを作る側になれ」とおっしゃったんです。その言葉は今でも心に残っていて、私の原点になっています。

新卒時には、流通会社に七年半勤めました。中小企業だったので、バックオフィスから営業、販売、商品サービス管理、マーケティング、集客まで、下から上まで全部一気通貫して経験することができました。一般的には大変だと思われるかもしれませんが、私としては将来の経営に向けて、いろいろなスキルを身につけたい、学びたいという思いがありましたので、その意味で大きく成長させてもらえた時期だったと感じています。実際、経営層に近い役職まで経験させてもらったことで、経営層の会議にも参画するなど、中小企業の実態というものをリアルに体感することができました。

二十代は、「いつかは経営者に」という思いはあったものの、具体的な計画があったわけではありません。とにかく足りないことを身につけていく、勉強していく、実践していく。会社という場所をお借りしながら、自分がどこまでできるのかを確かめてみたい。そういった気持ちで無我夢中で働いていました。

その後、一度起業を試みたのですが、ここで挫折を経験することになります。飲食店経営の支援サービスという、当時まだ世の中にあまり知られていない領域に挑戦したのです。客足の少ない時間帯を有効活用できるようなサービスだったのですが、いくら良いアイディアだと思っていても、お客様に話を聞いてもらうこと自体が非常に難しかったのです。当時は、とにかく足を使い、飛び込み営業を繰り返していました。今振り返ると、経験論だけを頼り、ただがむしゃらに動いていたように思います。

特に印象に残っているのは、ある割烹を訪問した時のこと。何度も足を運び、ご主人は私の話を最後まで丁寧に聞いてくださったのですが、最終的には「うちはいいかな」と丁重にお断りされました。その時は、自分の説明が悪かったのか、それともサービス自体が魅力的ではなかったのか、原因を把握することもできず、とてももどかしい思いをしました。今思えば、典型的な成果の出せない営業マンだったと思います。

その後、医療機器メーカーに勤めることになり、ここでの経験が私の経営観を大きく変えることになります。二万人ものお客様と出会い、それぞれの価値観や考え方に触れる中で、最も大きな気づきを得たのは、「人のために」というビジネスの本質でした。

入社してしばらく経った頃のことです。担当エリアを離れることになった時、お客様とかなり深い関係性ができていたので、別れを惜しんでくださる方が多くいらっしゃいました。当社のサービスは使っていなかったけれど、人対人として別れを惜しんでくださる方も多くいらっしゃったんです。ありがたさに涙が出ました。

しかし、大先輩から「その涙は何のため？」という問いかけをされ、自分の考えがずれていたことに気づかされたのです。「自社で取り扱っている商品サービスを使ってもらった方が、その人の幸せになる」、つまり、商品やサービスを使っていただくことで、その方の五年後、一〇年後の幸せに繋がるはずだと。本当にその人のためを思うなら、サービスを使ってもらえなかったことを悔いるべきだと指摘されたのです。

この経験は、私の中の常識を大きく変えました。意識のベクトルが自分に向いているのか、他者に向いているのか、「本当に相手のことを考えられているのか」、何度も自分に真剣に問いかけるようになりました。「人のため」、これがビジネスの本質なのだと気づかされたのです。

経営の軸は人に向かうベクトル

このような経験を経て、私の中で確固たるビジネスの軸ができました。「人のために」という、外に向かうベクトルです。「自分のために」では、頑張れる程度は知れていると思います。しかし、目の前のお客様のため、会社のため、チームのため、ひいては日本社会のため――、そういった視点を持つことで、より大きな価値を生み出せると実感しています。

結局のところ、物事はシンプルなのです。迷ったときや、方向性を見失いそうになったときは「人のため」、この言葉に立ち返るようにしています。実際の経営では、さまざまな判断が必要になりますが、結局のところ、本質的な部分さえ押さえていれば、おのずと道は見えてくるものです。

また、経営において重要だと考えているのが、視野の「広さ」と「深さ」です。まず時間軸で言えば、当然今を見ることも必要ですし、五年、一〇年というスパンで長期的な目線で考えることも必要です。深さで言えば、ベクトルがどれだけ先まで伸びているか。目先の売上だけを見るのか、それとも先に何かを見据えて動いていくのかということですね。そして空間軸。自分のため、会社のため、というのはもちろん経営している上で大切です。会社の売上がないと従業員の生活も守れません。ただ、それだけではなく、地域でビジネスをされている方であれば地域のため、そしてさらにエリアを広げて日本のため、世界のためという視点も持つことができます。

こうしたいろいろな視点で物事を見ることによって、目の前の選択肢は変わってきます。よくビジネスパーソンの心得として、「虫の目、鳥の目、魚の目をもて」と言われますが、まさにそういった具合に、複数の視点で見ていくことで、自分自身の視野も広がり、可能性も広がっていくんですね。このような視点を持つ経営者が増えていけば、日本の一社当たりの生産性も上がっていくのではないでしょうか。

先々の「ありがとう」を育むために

PROFIT SHIPの事業展開において、私が特に大切にしているのは「先々のありがとう」に繋がるかどうかという視点です。前述のとおり、今だけの時間軸で判断するのか、それとも先を見据えて考えるのか、その時間軸の取り方一つで、ビジネスは大きく変わってきます。
例えば、今年や来年といった近未来で、「とにかく早く豊かになった方がいい」と考える方もいらっしゃいます。しかし、それしか見ていなかったために、五年後一〇年後に、例えば何か失うといったことがあれば、本当の意味での幸せとは言えないでしょう。もしお客様がそういったことに気づいていないようであれば、本質的なところを見てもらえるよう、努力して説得します。

これは、本当にその方のためを思うからこその姿勢です。どうでもいいと思っているなら、「いいですね、それでいきましょう」と言うでしょう。その方がずっと簡単ですし、お客様のご気分も損ねません。目先だけを見ていれば、ビジネスのやり方はいくらでも出てくるんです。でも、本当の発展やより豊かな未来に繋がるかどうかを常に判断の軸にすると、正道というのはそうたくさんあるものではありません。

パートナー企業との協業においても、同じ考え方で臨んでいます。中小企業にとって有益度合いが高いか、導入に対する実現度が高いか、自身も中小企業経営者として本当に導入したいと思えるか、そして何より、先々の「ありがとう」に繋がるかどうか。これらを重要な判断基準としています。

具体的な判断においては、自分の経験や、日々経営者と話をしている中でのイメージを大切にしています。この商品やサービスがあれば、この人は喜ぶのではないか、うまく繋がっていくのではないか――、そういったイメージが描けるかどうかを重視しています。イメージが描けないものは、実現もできないからです。

企業の状況は、規模、人、業界、都道府県など、さまざまな要因ですべて異なります。だからこそ、一概にこれが正解というわけではなく、その企業それぞれの状況に応じた文援が必要になります。一言で支援といっても、それは単なる売上向上や集客支援にとどまりません。その会社が何をしたいのか、どこを目標にしているのかを見据えて、本質的なサポートをします。売上を上げることは、あくまでもその目的を達成するための手段の一つでしかありません。

私たちは経営者のパーパスや目的の実現を支援することを大切にしています。実際、創業以来、継続的にお付き合いいただいているお客様も多く、その方々と共に成長を続けられていることは、私たちのアプローチが間違っていなかったことの証だと感じています。

視野の広さと深さが経営を変える

私が経営者として最も重要だと考えているのはマインドです。特に、若い経営者の方々に伝えたいのは、マインドのベクトルがどこを向いているかです。「自分のために」と内側に向いているのか、それとも「人のために」と外側を向いているのか。私は、この向きを意識している経営者は、年齢に関係なく、少ないと感じます。

ここに気づいている人だけが、必ずしも優秀だというわけではありません。しかし、このマインドの違いは、すべてに影響を及ぼします。集客、セールス、マーケティング、すべてが変わってきます。どのように相手に接するかも変わります。

そして、このスタンスは、言葉の節々やニュアンス、雰囲気で案外、人に伝わるものです。たとえ言葉が足りなかったとしても、本気で人のことを考えているベクトルがあれば、必ず伝わる部分があります。逆に、小手先の営業テクニックのようなものは見透かされてしまいがちです。特に、人生経験を重ねた方々には通用しません。

先ほどお話しした「視野の広さと深さ」も、経営者として非常に重要な要素だと思います。目の前のことを一つ一つ着実に進めていくことはもちろん大切ですが、同時に、より大きく長期的な視点を持つことで、新たな可能性が見えてきます。地域、日本全体、あるいはグローバルな視点かもしれません。時間軸、空間軸、影響の深さ、いずれも視野を広げることで、自ずと経営の質が変わってきます。

私自身、まだまだ道半ばです。しかし、「経営に新たな価値を提供する」というミッションのもと、これからも中小企業の皆様と共に成長していきたいと考えています。そして、より多くの志ある経営者が本領を発揮できる社会の実現に向けて、一歩一歩進んでいきたいと考えています。

23 経験も人脈も、一生涯続く「私の宝」

eesa studio株式会社

代表取締役 佐藤 寿亮

■ 〒031-0011 青森県八戸市田向5-15-10

Tel 0178-20-9936

■ https://eesa-studio.com/

現場で即答できるのが最大の強み。〝設計ができる〟電気工事会社

電気工事は一般的に、電気設備の設計事務所が図面を作成し、電気工事会社が工事の部分を請け負います。当社は図面作成から工事まで自社で一貫してできる、電気設備設計と電気工事の会社です。

電気工事の現場では、機器の配置を変えたり、計画とは異なる仕様の製品を使ったりといった変更が度々あります。建屋の工事で間仕切りの位置や部屋の大きさが変わったり、壁や天井の仕上げ材が変更されて部屋全体の明るさが変わったりしたとき、最初に予定していた機器では条件や雰囲気に合わないこともあります。そんなときに、当社で機器を選定してすぐに提案できるのが強みです。

衛生機器や家具、障害物があってルート変更が必要になった場合、施工場所が浴室のような防水性の高い部屋の場合などでも仕様が変わります。通常は一旦、建築事務所でまとめて、そこから電気設計事務所で図面を変更して工事会社に下りてきます。当社の場合は建築設計事務所と直接やりとりできるので対応が早く、概算の見積もり金額もすぐに提示できます。細かな変更から設計図面の引き直しといった大規模なものまで、迅速に対応や提案ができるというところが最大のメリットです。

施工現場というものは、図面だけでお話ができる人もいますが、細かな部分まで調整し

ていくなら現場を見て話すのが一番です。打ち合わせ中に変更があった時も、一旦会社に持ち帰ってから回答するのではなく、その場で工事のことも費用のこともお答えしています。青森県では類を見ない、ユニークな存在の電気工事会社だと自負しています。

レベルアップを求めて設計の世界へ。現場経験も生かした独自のスタイル確立

私は電気工事会社で九年働きました。設計の仕事もありましたが、主な仕事は現場管理。設計することがあったとしても、過去の施工資料を元に機器の位置や配線を変えて計算し直す程度でした。民間の仕事はそれでも許されましたが、役所の仕事では全ての設計に根拠の提示を求められます。電気設備の設計まで携わる機会がない私は、ケーブルの太さや照明機器の照度など、使用される部材や機器の選定根拠などは曖昧なまま。工事技術はプロフェッショナルであっても、役所が求めるレベルの知識や設計ノウハウを持っていないことが大きなストレスでした。もっと勉強してレベルアップしたいと思っていたのですが、会社の理解はありませんでした。

そんな頃、ある現場の管理者から電気設備設計というものを教わりました。自分のライフプランを見直し、設計も勉強したいと思って退職。その人の事務所で四年間、電気設備設計を学んだのちに独立しました。独立時には「電気設備設計の未来を守ってくれ」とい

う言葉とともに、修業時代にお借りしていた資料もデータも譲り受けました。あの出会いがなければ、今の私はいなかったと思います。

当初は電気設備設計だけを事業としていたのですが、実際にやってみると設計は事務所にこもっての仕事が多いことに気づきました。それまでの私はずっと現場で工事をしていたので、現場への愛着も次第に大きくなり、電気工事も再度学んでいきたいと思うようになったのです。三年目から電気工事の施工にも業務を拡大。若い時は体もよく動きますし、現場に出て、自分の肌で感じることを工事の勉強に生かせば、設計にもプラスの効果があると思いました。

スムーズな施工のために〝職人さんの視点〟を大切に

設計する上で気にかけているのは、職人さんが仕事をしやすい図面にすること。自分が描きやすい図面を作るのではなく、職人さんの作業性を考慮しています。そのためにも、できるだけ現場に足を運ぶように心がけています。実際の配線のルートや照明の位置は、現場を見ないと分からないもの。職人さんから、材料選定のアドバイスをもらうこともあります。また、水道屋さんや家具屋さん、内装屋さんとのコミュニケーションも大切です。「ここに電気の線があったらいい」「だけど防火区画貫通処理が必要」など、ルートの設定は一度現場を見てから図面に落とし込む。逆に言うと現場を見れば、そこで大体のイメージができるので、後の仕事の流れがスムーズです。

より施工しやすく、より精度の高い図面を描いて、その図面通りに施工できれば職人さんも楽です。また工程管理の面でも職人さんを現場に入れる時期の調整が必要になりますので、現場に足を運んで工事全体の進捗をチェックしています。

困難を乗り越えられたのは、同業者の強力な支援

創業して七年が経った頃、それまでに経験がない規模の現場を請け負いました。六階建ての高さのごみ処理場で、工事期間はおよそ二年。しかし実際には建屋の工期遅れがあり、当社が工事に入る時には一年半の工事期間しか残されていませんでした。さらに建物内は工事に着手できる状態なのに、外が完成していないために現場に入れないという状態が長く続き、施工スタートが遅れました。一年半残されていたはずの工期が、実際にはおよそ半年でやり遂げなければならないという修羅場になりました。

時間が足りず、残業が毎日のように発生し、現場の雰囲気は悪くなる一方。しかし何よりも苦労したのは人集めでした。ふだんは四人、五人くらいの作業人員での工事ばかりをしている当社が、その期間は三〇人以上、多いときは五〇人もの人を集めなければなりま

せん。同業者をくまなく当たり、助けてもらいました。職人さんを抱えている社長さんからは人材を紹介してもらい、前職時代に付き合っていた業者さんには協力を依頼。「一週間しか行けないよ」「三週間しか行けないよ」という人が多かったのですが、一日だけでもありがたかったです。日頃から業界内のお付き合いは大切にしていて、「大変な時には助けてあげたい」という気持ちで接していたお陰だと思いました。お金は関係なく、人のつながりを大事にしていたからこそ、自分が大変な時には助けてもらえたのでしょう。

最初に勤めた会社で施工管理をしていたことも、大きな経験でした。とにかく人さえ集めれば何とかなる。「こうすればいい」という思惑が自分の中にありました。収支としては「ちょっと儲かった」程度だったのですが、人脈をフルに使って乗り切ることができ、新たな人脈もできました。当社の企業としての経験、実績においても大きなプラスになりました。

事業発展を陰で支えてくれるのは、良きアドバイザー

起業したとき、最も力強く後押ししてくれたのは建設会社の代表だった義父です。

「まずは自分でやってみろ」

「一〇年計画を立てて実行に移しなさい」

「計画は毎年見直して、一つずつクリアしていけば、自分の未来に近づける」と、具体的なアドバイスをしてくれました。

一〇年計画では、人と売上をどの程度増やしていくのか、事務所をどの段階で拡張するのかといった事業に関わることはもちろん、子どもや家庭のことなどの人生設計もスケッチブックに描いて義父に見てもらったことがあります。一〇年計画のうち、九年が過ぎました。売上の見込みなど、創業当初には想像がつかないところもありましたが、ここまでを振り返ると計画通りに進んできたと思えます。毎年課題を一つずつクリアして、次に何をするのかを決めて、新しいことにチャレンジし、立てた計画を毎年見直す。問題意識を持った取り組みが上手く回転しているのだと思います。

義父が故人となった今、貴重な助言をしてくれるのは同業者や前職の上司です。元上司とは会社を辞めてからもずっと連絡を取り合っていました。私の在職中には、現場で困りごとが発生した時に何度も助けてもらい、起業して二、三年目の頃は、つらい時の相談相手にもなってもらいました。その元上司も数年前に退職して起業。今は事業者として先輩になる私が助言をすることもあります。先輩・後輩でありながらビジネスパートナーとして仕事を分業することもあるという、不思議な関係を築いています。

面白いこと、新しいことを吸収できるのは、誰かとつながっているから。人脈は、生涯続いていくものであり、私にとっての宝です。

お客様の満足と社員の満足を追求し、次の世代を育成したい

会社経営では、社員が充実感を持てる環境づくりを目指しています。その第一歩は、お客様に満足してもらえるものを提供すること。お金をかければ良いものができるのは当たり前です。お金をかけずにできれば、お客様にはもっと喜んでもらえるでしょう。社員には「自分がやりやすい仕事」「自分が楽になる仕事」をするのではなく、お客様のことを考えながら施工するように指導しています。

社員の働く環境については、コミュニケーションにも力を入れています。現場に行く前に会社に集合する同業者が多いのですが、当社は移動時間の無駄を省くため、それぞれの現場に直行することが多く、顔を合わせる機会が少ないのです。コミュニケーション不足にならないように、メッセージアプリで現場情報を全社員が共有しています。現場写真のビフォー・アフターを送れば、離れた現場の社員同士でも刺激し合えます。私はなるべくいろいろな現場に行き、必要なものや悩みごとなどを対面で聞くようにしています。

いま現場の主力で頑張っている職人さんの多くが、一〇年後には還暦近い年齢になります。現場技術者の世代交代を進めていかねばなりません。同時に管理者の育成も必要です。私の代わりになってくれるような人を、設計と施工それぞれに一人ずつ育成します。義父が一代で会社を大きくできたのは、営業が上手かったからだと聞きました。設計と施工を

任せられる人を育てて、私は営業という新たなフィールドでチャレンジをしていきたいと思っています。

24 「職人技」で切り拓く製造業の未来図 長尺加工のプロフェッショナルが描く、二〇〇年企業への道

株式会社三谷製作所

代表取締役社長　三谷 晋一郎

■〒722-0062　広島県尾道市向東町14745-22

Tel 0848-44-2000

■https://onomichi-mitani.co.jp/

製造業のＤＸ化が加速する中、あえて「職人技」を選択した企業があります。広島県尾道市に本社を置く三谷製作所。大型の長尺加工を得意とし、製鉄、発電所、プラントなど、産業の心臓部を支える重要部品を手がけています。

二〇〇八年のリーマンショック後、広告代理店出身の三谷晋一郎社長の下でV字回復を遂げた同社。「他社が断る難しい加工」を引き受け、一貫生産体制で応える姿勢で、独自のポジションを確立しています。

創業一〇〇年を経て、二〇〇年企業を目指す三谷製作所。三〇代の工場責任者登用や、ベテランと若手の相互学習など、新しい人材育成の仕組みにも特徴があります。地域に根ざしながらニッチトップを目指す、ものづくり企業の挑戦を追いました。

技術力という揺るがない軸を

私たちが得意とする長尺加工は、長さ最大約一〇メートル、重さにして一〇トン程の製品を手がけることができます。こうした大きさの加工ができる会社は、設備の問題もあり、少なくなっています。

中でも、さらに長く細いものになると加工が非常に難しくなります。金属を削ると摩擦熱が発生し、その熱で金属が膨張したり収縮したりを繰り返すため、だんだん曲がってきてしまう。細いものほどこの熱影響を受けやすいので、高い技術力が必要です。

お客様は多岐にわたります。製鉄向けの設備品が約四割ですが、それ以外にも、発電所で使われる発電機軸、モーター軸など、実にさまざま。特に「これ」と決めているわけではなく、私たちの技術を必要としてくれるものであれば何でもチャレンジする姿勢でやっています。

他社との大きな違いは、一貫生産体制を持っていることです。同じような大型の軸を加工している会社でも、旋盤加工だけを専門にしているところは、「これ以外は他社でお願いします」となる。しかし、私たちの場合は、旋盤に加えて、マシニング加工や研磨の加工など、必要な設備を総合的に持っています。一つの工場で全部完結できるので、短納期での対応も可能です。

リーマンショック後、多くの製造業が海外生産にシフトしました。韓国や中国での生産が増え、価格破壊が起きたのです。ただ、為替や情勢の影響が大きい海外リスクに加え、品質や納期の問題が出てきて、国内回帰の動きが出てきています。しかし、海外にシフトしている間に、国内の地場の工場がどんどん廃業してしまい、昔のような腕のいい職人もいなくなってしまいました。今、海外から国内生産に戻したくても、そもそも対応できる工場が少なくなっているのです。

だからこそ、私たちのような会社にどんどん仕事が集まってくるようになっています。

最近では、大阪に行くと「三谷さん、よく名前を聞きますよ」と言ってもらえるようになりました。関東でも「西の三谷」というイメージが定着してきているようです。「加工でお困りのことがあれば、とりあえずご相談ください。熱意には熱意をもって応えます」。これはウェブサイトにも掲載している、私たちからお客様への約束の言葉です。

他社に断られた難しい加工でも、私たちは真摯に向き合い、お客様の切実な課題に、全力で応えていくという決意が込められています。ゆくゆくは「広島の三谷」「尾道の三谷」と言ってもらえるように。そんな目標を持って、技術を磨き続けています。

リーマンショックを経て特化型に転換

私が三谷製作所に入社したのはリーマンショック直後。それまで一八年間、東京の広告代理店で営業をしていましたが、弟と話し合い、長男である私が会社を継ぐことに決まったのです。

実は入社するまで、会社の状況をあまり詳しく知りませんでした。皆さんに挨拶して「よし、明日から頑張ろう」と思って出社したら、週三日しか稼働していない。補助金をもらいながら何とか持ちこたえている状態でした。決算書を見て初めて「こんなに悪かったのか」と驚きました。

しかし、不思議と怖さはありませんでした。もうこれ以上落ちようがない。ならば上に上がっていくしかない。社員の間にも「このままじゃダメだ」という危機感とともに「とにかく何とかしてくれ」という雰囲気が漂っていました。私は「これ以上落ちることはないんだから、どんどんやってみよう。失敗を恐れる必要はない」と伝えました。

立て直しの過程で気づいたのは、「何でも対応できます」という発信では、かえって伝わりにくいということでした。お客様からの評価を分析していくと、地域には「長尺物といえば三谷」というイメージがしっかりと確立されていたのです。そこで、得意分野をより明確に打ち出し、付加価値の高い分野に特化するという、戦略の転換を図りました。

「チャレンジを讃え失敗に寛大」次世代の組織文化

「チャレンジを讃え、失敗に寛大」。これが今の私たちの企業文化です。私は、若い人たちが「やってみましょう」と言ってくれることが、何より嬉しいのです。もちろん、彼らは無責任なチャレンジはしません。「やる」と言ったことは必ず最後までやり切ってくれる、頼もしい若い世代です。

工場の責任者に三十代の若手を抜擢したのも、そんな文化の表れです。新しい形状の製品や、見たことのない材質への技術的なチャレンジにも、好奇心を持って向き合ってくれます。金属加工は奥が深い。同じ金属でも、中に入っている成分が違うと、切削の仕方が全く変わってきます。材質の硬さや柔らかさによって、機械の得意不得意もあります。そんな中で「面白そうだからやってみましょう」と前向きに取り組んでくれる姿勢は、本当に心強いです。

一方で、ベテラン社員たちの姿勢にも驚かされます。若手のやり方を見て「そっちの方が確かにいいな」と、どんどん新しいことを吸収しようとしてくれるのです。年齢に関係なく、いいものはいいと認める謙虚さを持っています。ひと昔前は、一般的に職人は技術を抱え込む傾向があったそうです。「自分にしかできない技術を持っていたい」という思いは理解できますが、今の時代、会社組織でその考え方はNGです。弊社では、「技術を抱え込むのではなく、人を育てることを評価します」と、はっきり伝えています。その結果、技術の共有が進み、組織全体の底上げにつながっています。

人材育成では、従来の方法に加えて新しい取り組みも始めています。バックオフィスでは、総務の社員に、データを分析・可視化して経営や業務に役立てるBIツールや、ソフトウェアロボットを使って、人間が行っていた作業を自動化・効率化するRPAの勉強をしてもらっています。私は、外部の業者に頼るのではなく、自分たちがスキルアップし、できることを増やしていくほうが好ましいと思っています。外注分の予算は、スキルアップした社員の給与に回します。現場でも、タブレットを使った技術継承の仕組みを検討しています。

現在、評価制度の見直しも進めています。大切なのは、人を評価することではなく、人を成長させることです。終わったことを評価するだけの制度ではなく、これからの成長を促す仕組みを作りたいのです。キャリアパスを一緒に考え、なりたい姿を応援できる制度を目指して、検討を重ねています。

地域と共に未来を見据える

広島県は今、人口流出が三年連続で全国ワースト一位という深刻な課題を抱えています。私たちの尾道市も同じ状況で、特に若い女性の流出が目立ちます。このままでは早晩、地域の活力は失われていってしまうでしょう。

尾道は観光地として人気があります。観光産業はもちろん大切ですが、コロナ禍で人の動きが止まったときに大きな影響を受けたように、観光だけに頼る街づくりにはリスクがあるのです。さらに、住んでいる人がいなくなれば、街の魅力を発信する力も弱まっていく。そう考えると、若い人たちが定着できる産業基盤を作ることがとても重要です。

私たちができることの一つは、尾道のものづくり企業の魅力を発信することです。学生たちは、地元にどんな会社があるのかを知らないまま、「地元には働くところがない」と考えてしまうように思います。そこで今、学校と連携して、企業を知ってもらうための取り組みを始めています。

目指しているのは、「面白い企業が集まっている街」というイメージの確立。企業も人も同じで、一人の優秀な人材が入ることで、会社が大きく変わることがあります。同じように、面白い企業が一つ現れると、それに賛同する企業が集まってきて、街が変わっていく。そんな好循環を作れないかと考えています。

ものづくりの現場を見ると、実は尾道には面白い企業がいくつもあります。それぞれが独自の技術や特徴を持っているのです。ただ、その魅力が若い人たちに十分に伝わっていないように思います。だからこそ、もっと積極的に発信していく必要があると感じています。

弊社では今、三十代の工場責任者が活躍し、若手がどんどんチャレンジする文化が根付いています。こうした姿を見せることで、製造業は古い、かたいというイメージを変えていけるのではないかと期待しています。若い人たちが「ここで働きたい」と思えるような会社、そして街にしていきたいというのが私の願いです。

もちろん、今の私たちにはまだまだ力不足かもしれません。でも、そうありたいと思うことは、決して悪いことではないですよね。その思いに向かって、一つ一つ行動を積み重ねていきたい。二〇〇年企業を目指す私たちにとって、地域の未来は自分たちの未来そのものなのです。

変化を恐れない。独自の経営哲学

「世間が右を向いているなら左へ」。これが私たちの経営の根底にある考え方です。世の中がＡＩや自動化に向かっているからこそ、私たちは職人技とノウハウが必要なニッチな分野で勝負すると決めています。

広告代理店から製造業へ。業界のことを詳しくは知らなかった私だからこそ、既存の常識にとらわれずにチャレンジできたのかもしれません。営業職としての一八年間で学んだのは、つまるところ「どうやって仕事を集めてくるか」。これは業種が変わっても基本は同じでした。

広告代理店時代、新しい企画を提案するとき、誰もやっていないことにこそ価値があると学びました。製造業でも同じです。他社が敬遠する分野、誰もやりたがらない仕事、そこにこそ、私たちの活躍の場があるのではないでしょうか。コロナ禍での工場増築に踏み切ったのも、同じ考え方です。皆が設備投資を控えているときだからこそ、私たちは攻めに出る。不況のときにこそ、次の成長のための投資をする。そうでなければ、景気が戻ってきたときにチャンスを逃してしまいます。

この一〇年以上、私が大切にしてきたのは「変化」です。毎年「何が変わったか」「どう成長したか」を意識してきました。「成長のない企業に未来はない」との思いは、リーマンショックの経験が教えてくれたものです。一見、逆境に思える状況でもチャンスはあります。重要なのは、その機会を見逃さない経営判断だと考えています。

製造業は今、大きな岐路に立っています。世の中がＡＩや自動化に向かう中、あえて職人技とノウハウが必要な技術で勝負することを選んだのは、単なる当てずっぽうの逆張りではありません。リーマンショック後の経験が教えてくれた確信があるからです。

技術を継承し、さらに進化させていく。その中で若い世代が「やってみましょう」と前向きに取り組み、ベテランがその姿勢から学ぶ。私たちの会社では、そんな相互学習の文化が自然に生まれています。

尾道という地域に根を張って二〇〇年企業を目指すために今、私たちができることは、ものづくりの新しい魅力を発信していくことです。若い人たちが「ここで働きたい」と思える会社、そして街をつくっていくこと、それが私たちの使命だと考えています。

私たちは、これからも職人技とノウハウを磨き続けます。それが三谷製作所の生きる道であり、次の一〇〇年を築いていく礎になると信じているからです。

25 誰もが自身の魅力に気づき、信じ、発揮できる社会へ――。キャリアコーチが描く未来

株式会社ルメス

代表取締役　宗像 祐

■〒150-0002　東京都渋谷区渋谷2-19-15 宮益坂ビルディング609

■https://lumes-inc.co.jp/

個人の魅力発見と流通を掲げ、キャリアコーチング事業を展開するルメス。同社代表の宗像祐氏は九回の転職を経験する中で「使命感」という軸を見出しました。東北で経験した東日本大震災、スタートアップ企業での成功・失敗体験など、様々な経験を経て、たどり着いた「転職ありきではない」キャリア支援の道。八五〇〇人以上の支援実績（二〇二四年一一月時点）から見えてきた可能性と、誰もが自分らしく輝ける社会づくりへの展望を伺いました。

一人ひとりの可能性を信じることから始まる

「誰もが自分の魅力に気づき、信じ、発揮できる社会を創る」。それが私たちルメスの掲げるミッションです。キャリアコーチングという仕事の魅力は、一人ひとりの可能性を信じることから始まります。キャリアコーチは、目の前のクライアントの可能性を信じ、時にはその人自身が気づいていない魅力を見出す存在であるべきだと考えています。

実際にコーチングを行っていると、最初は自信がなく不安を抱えた状態でいらっしゃる方が多いものです。現状から逃げたい、変えたいという気持ちを強く持っているものの、目の前のことにとらわれ、自分に何ができるのか分からない――、そんな状態で来られる方がほとんどです。

しかし、自己分析を進め、第三者からの客観的なフィードバックを受けながら、少しずつ自分のことを知っていくと、その過程で視野が広がり、新しい視点を得て、徐々に表情が明るくなっていきます。「自分はこういう人間なんだ」と気づき、すっきりとした表情を見せてくれるようになる。そうして自信をつけ、自分で行動を起こせるようになっていくのです。この変化の瞬間に立ち会えることが、私にとっての最高のやりがいです。

時には、キャリアコーチである私自身が想像もしていなかったような報告を持ってきてくれることもあります。一例として、ある方が難しい資格試験にチャレンジすると聞いたものの「今回はちょっと厳しいかもしれない」と内心思いながら応援していたことがありました。しかし、その方は高い目的意識を持って努力を重ね、見事に合格されました。また、自己肯定感の低さから行動できずにいた中で「弱気になっていましたが、ここで変わらないと絶対後悔するので、思い切ってやることにします」と自ら決意表明してくれた方もいらっしゃいます。そんなとき、改めてコーチとしての原点である「クライアントを信じること」の大切さを実感します。

私自身、二〇代から三〇代にかけて九回の転職、一〇社を経験してきました。メンバーからリーダー、マネージャー、事業責任者、役員、そして経営者まで、様々な立場を経験し、会社員、副業、フリーランス、起業と、働き方も多岐にわたりました。いずれも貴重な経験でしたが、一方で振り返ると「もっと早く若いときに、このキャリアコーチングのような支援があれば、もっと近道ができたのではないか」という思いも、強くあります。

労働人口が減少した今、雇用の流動性が高まり、オンラインの普及でパラレルワークも増えています。そんな時代の中で、個人が主体的にキャリアを形成していく必要性は、ますます高まっていくでしょう。しかし、自分でキャリアを設計していく考え方や方法は学校教育の中で学ぶ機会がないため、多くの人が迷いを抱えています。だからこそ、一人ひとりが納得してキャリアを考え、行動できる。そんな支援の場が必要だと考えています。

震災が教えてくれた「使命感」という軸

私のキャリアの大きな転機となったのは、主に医療従事者のキャリア支援サービスを展開する「エス・エム・エス」での経験です。リーマン・ショックの時期に、他社が人員削減をする中でも二倍、三倍と成長を続けていたこと、また看護師である妻の姿を見て医療職の素晴らしさを感じていたことが、入社の動機でした。

結果的に、ここでの経験は私に二つの大きな財産をもたらしました。一つは人材業界でのキャリアに関わる仕事が経験できたこと。もう一つは、優秀でユニークでありながら、バランス感覚があって誠実な同僚たちとの出会いです。ここでの繋がりは、一〇年以上経った今でも私の重要なネットワークとなっています。

加えて、自身の価値観に大きな影響を与えたのが、東日本大震災の経験でした。私は仙台支店の立ち上げの所長として単身赴任しており、当地で震災を経験しました。

そこで目にしたのは、自分や家族のことを後回しにしても、地域の人々や患者さんのために献身的に動く医療従事者たちの姿でした。水も電気もない、病院の一階が浸水し、車が流れ込んでくるような過酷な状況の中で、それでも医療職の方々は職務を果たそうと必死で働いていました。仕事で担当していた看護師さんたちも、ようやく連絡が取れたと思えば、自分のことはそっちのけで地域の人々のために活動していました。

この経験を経て、私の仕事観の中に「使命感」という軸が確立されました。社会的意義や貢献というよりも、自分の中での使命感を果たせるかどうか、それが私のキャリア選択における重要な判断基準となったのです。自分の中にある、医療機関の経営をより深く理解したい、経営の視点を持った上で採用支援をしていきたいという思いにも気づきました。会社の急成長に伴い、現場の在り方も変化していた時期ということもあり、退職を決意しました。

その後、医療系コンサルティング会社や人材系スタートアップ企業への転職、ベンチャー企業での経営経験を経て、最終的に「転職ありきではない、本質的なキャリア支援」という新たな使命に辿り着くことになります。

キャリアコーチングという新しい道

キャリアコーチングとの出会いは、私がフリーランスのキャリアコンサルタントとして活動していた時期にさかのぼります。当時は副業が注目され始めた時期で、副業のマッチング支援なども手がけながら、キャリア支援の可能性を模索していました。一対一で個人に寄り添い、使命感を持って支援するという在り方を求めていたのです。

キャリアコーチングは、転職エージェントとは違い、転職を前提とせずに一人ひとりのキャリアと向き合います。「自分ももっと早くこういう支援がほしかった」と思えるスタイルだったこともあり、これこそが自分のやりたかったことだと確信しました。

キャリアコーチングは、実は非常に奥が深い仕事です。その人の過去をしっかりと見つめ、過去からの傾向や対策を考えるカウンセリングのスキルに加え、目の前の課題を解決するためのティーチングやコンサルティングの能力、そして何より、その人が本当は何を望み、どんな未来に向かって進みたいのかを共に探るコーチングのスキル、そのすべてが必要となります。

中でも私たちのサービスで特徴的なのは、ＨＳＰ（Highly Sensitive Person：人一倍繊細な人）への理解と支援にも力を入れている点です。ＨＳＰは、人の気持ちに良くも悪くも敏感で、周囲の非言語情報も含めて多くの情報をキャッチしてしまう人たちのこと。実は私自身も少しＨＳＰの特性があり、キャリアの中で困惑していた時期があります。

例えば、ＨＳＰの人たちは「何か変なことを言ってしまったらどうしよう」「これを話して気を悪くされないかな」など、色々なことに気が付くが故に些細なコミュニケーションでも悩んでしまいます。情報過多でスピードの速い現代において、通常の何倍もの情報を処理することとなり、大きな負担を感じるのです。また、感性が豊かでクリエイティブな面を持っていながら、それをキャリアで実現する方法がわからず、自信が持てない方も多くいらっしゃいます。

さらに、ＨＳＰの方の中には、目の前で起きている理不尽な出来事や、倫理的に疑問を感じる状況に対して、人一倍敏感に反応してしまう方もいます。そのため、利益追求が主となる組織の中で居心地の悪さを感じることも少なくありません。

しかし、この繊細さは決して弱みではありません。むしろ、適切な環境と「何が自分のやりがいの源になるのか」を正しく言語化できるくらいの自己理解があれば、大きな強みとなり得ます。私たちは、そうした一人ひとりの特性を理解し、それを活かせる方向性を共に探っていきます。

重要なのは、コーチが目の前のクライアントの可能性を信じ、時にはその人自身が気づいていない魅力を見出すこと。じっくりと時間をかけて対話を重ね、その人らしい、納得のいくキャリアの方向性を見つけていく。それが私たちの考えるキャリアコーチングの本質です。

失敗から学んだ、経営者としての覚悟

経営者として私が大切にしている判断軸は、過去の失敗経験から得られたものが大きいと思います。ルメスを立ち上げる数年前、私はスポーツ関連の広告代理事業と人材紹介を手がけるベンチャー企業で、取締役として経営に携わりました。

資金調達にも成功しており、事業の滑り出しとしては悪くなかったのですが、社長とCFO、そしてCOOである私という三人の経営陣の間で、会社の目指すビジョンや、事業の進め方などで意見が分かれ、次第にすれ違いが顕在化していきました。最終的には、人件費などの固定費が膨らみキャッシュフローを圧迫、従業員のリストラを経て、ベンチャー企業の撤退フェーズも経験することになりました。

苦い経験でしたが、痛みをともなったぶん、教訓はしっかり自身に焼き付いたと思っています。創業期の経営者、特に社長は最前線で事業に関わり、費用一つをとっても信念を持って意思決定をするべきなのです。言葉にすると当たり前に感じますが、意外と難しいことだと思います。

現在のルメスでは、この教訓を大切にしています。急激な成長よりも、持続可能な成長

を重視する姿勢もここから来ています。例えば、キャリアコーチングサービスについては、価格を大きく上げることはせず、緩やかな成長を目指しています。サービスの価格設定も、三〇歳頃の自分をペルソナとして考え、「自己投資として頑張れば手が届く」金額に設定しています。

事業構造の面では、プロフェッショナルなコーチ陣と業務委託契約を結ぶことで、固定費を抑えながら高品質なサービスを提供できる体制を整えています。コーチの採用では、サービスの理念に共感し、相手中心の考え方ができる人材を慎重に選んでいます。特に大切にしているのは、クライアントから信頼される人間力を備えている人材であることです。

私たちは自社を「魅力流通カンパニー」と定義しています。個人の魅力を発見し、それを信じてもらい、広げていく。この文脈に沿わない判断は、たとえ収益性が高くても行いません。一方で、この軸さえブレなければ、様々な選択肢を柔軟に検討することができます。安定性を保ちながらも、勝負するところではしっかりと投資を行うというバランス感覚を持って経営にあたっています。

次世代に向けた、三つの挑戦

キャリアコーチングという仕事は、まだまだ発展途上の段階です。コーチの数に対して仕事の機会は限られており、社会的な認知も進んでいませんし、キャリアコーチに求められる知識やスキルも体系化されていません。しかし、これからの時代に必要とされる支援であることは間違いないと思います。

今後、私たちは三つの方向性を考えています。一つ目は、キャリアコーチの質の向上と業界全体の底上げです。キャリアコーチングには、カウンセリング、コンサルティング、コーチングと、幅広い専門性が求められます。しかし現状としては、それらの専門的な知識や実践経験を持たずにキャリアコーチとしての活動をしている人も少なくありません。それぞれの形があってよいのですが、キャリアコーチングの有効性が広く世の中に認められていくためには、まずはキャリアコーチという職業の標準的な在り方や職業倫理、必要なスキルセットについて、業界全体で共通認識を持つ必要があると考えています。

そのために、キャリアコーチの養成講座の開設や、キャリアコーチ同士の横のつながりを作る協会や連盟の設立なども検討しています。実際の現場でキャリアコーチングを提供しながら、その経験を体系化している私たちだからこそできる、業界への貢献の形があるはずです。

二つ目は、学生向けのキャリア支援です。私たちがキャリアコーチングを行う中で、ほとんどの方が「大学時代にもっとしっかりとキャリアを考えておけばよかった」と話されますし、私自身もその一人です。今の教育システムでは、テストで良い点を取ることをメインに求められる環境から、なんの準備もなく就職活動に突入し、突然キャリアを決めることを余儀なくされます。多くの人が納得のいく決断ができないまま、社会人になっているのが現状です。

だからこそ、大学生により早い段階から、キャリアについて深く考える機会を提供したいと考えています。単なるアドバイスではなく、「こういう考え方もある」という視点を増やすような支援がよいでしょう。ワークショップや個別のコーチングを通じて、自己理解を深める機会を提供していければと思います。

そして三つ目は、当然ながら、ルメスのキャリアコーチング事業自体の持続可能な成長です。急成長を目指すのではなく、着実に価値を提供し続けられる事業として、大切に育てていきたいと考えています。

これら三つの方向性は、すべて「誰もが自分の魅力に気づき、信じ、発揮できる社会を創る」という私たちのミッションに通じています。一人ひとりの唯一無二の魅力というものは、確かに存在します。私はコーチングを通じて、幾度となく目の当たりにしてきました。しかし、その魅力に気づき、それを信じ、実際に発揮するまでには、適切な支援が必要なのです。

世界の幸福度ランキングでも、日本は五〇位前後と高くありません。しかし、一人ひとりが自分らしさを発揮できる場所を見つけ、活躍できれば、もっと多くの人が幸せを感じられる社会になるはずです。そのために、私たちはキャリアコーチングを中心とした魅力発見・流通サービスを通じて、一人ひとりの可能性を信じ、寄り添い続けていきたいと考えています。

ライター　紺野 天地 ／ 上芝 舞子 ／ 堀行 丈治

SMB 経験思考
2025年度経営者25名の経験知が切り拓くニッポンの近未来

2025年4月15日　初版第1刷発行

編　者　SMB企業調査実行委員会
発行者　瓜谷 綱延
発行所　株式会社文芸社
〒160-0022　東京都新宿区新宿1－10－1
電話　03-5369-3060（代表）
03-5369-2299（販売）

印刷所　株式会社フクイン

ISBN978-4-286-26574-2